Wilhelm Stolze, Franz Stolze

Theoretisch-praktisches Lehrbuch der deutschen Stenographie für höhere Schulen und zum Selbstunterricht

Erster Teil: Anleitung

Wilhelm Stolze, Franz Stolze

Theoretisch-praktisches Lehrbuch der deutschen Stenographie für höhere Schulen und zum Selbstunterricht
Erster Teil: Anleitung

ISBN/EAN: 9783743640429

Hergestellt in Europa, USA, Kanada, Australien, Japan

Cover: Foto ©Paul-Georg Meister /pixelio.de

Weitere Bücher finden Sie auf **www.hansebooks.com**

Theoretisch-praktisches Lehrbuch

der

deutschen Stenographie

für höhere Schulen

und

zum Selbstunterricht,

von

Wilhelm Stolze.

Erster Teil:

Anleitung.

Berlin 1876.

Ernst Siegfried Mittler und Sohn,

Königliche Hofbuchhandlung.

(Kochstraße Nr. 69. 70.)

Anleitung

zur

deutschen Stenographie,

auf Veranlassung

des

stenographischen Vereins zu Berlin

bearbeitet

von

Wilhelm Stolze.

Dreißigste, umgearbeitete Auflage,

herausgegeben

von

Dr. F. Stolze.

Berlin 1876.

Ernst Siegfried Mittler und Sohn,

Königliche Hofbuchhandlung.

(Kochstraße Nr. 69.70.)

Vorrede zur 25. Auflage.

Die vorliegende fünfundzwanzigste Auflage der „Anleitung zur deutschen Stenographie" stellt das Stolzesche System gegenüber den früheren Auflagen in Form und Inhalt so wesentlich vereinfacht dar, dass die Zahl der Lehrtafeln auf etwa die Hälfte hat vermindert werden können.

Es ist dies dadurch erreicht worden, dass viele Specialbestimmungen, sowie die meisten sigelmäßigen Bezeichnungen, deren Entbehrlichkeit sich durch die praktischen Erfahrungen im Laufe der Jahre mehr und mehr herausgestellt hat, aufgehoben und die Grundprinzipien des Systems consequenter durchgeführt worden sind.

In Folge dessen wird nicht nur der Unterricht erheblich verkürzt werden können (auf 12—14 Lehrstunden), sondern der Schüler wird auch viel früher in den Stand gesetzt werden, das System mit Sicherheit und Vorteil praktisch zu verwerten.

Bei der Darstellung des Systems ist darauf Bedacht genommen, das Werkchen auch zum Selbstunterricht vollständig geeignet zu machen; die Herausgabe eines Übungsbuches, welches die Übertragung der Schreibaufgaben enthalten und den zweiten Teil des „Lehrbuchs" bilden soll, steht noch bevor.

Für ein gründlicheres Studium wird die neue Auflage des „Lehrgangs der deutschen Stenographie", die sich der „Anleitung" als dritter Teil des „Lehrbuchs" anschließt, das Material bieten.

Allen, welche mich von Nah und Fern mit ihrem Rate unterstützt haben, und die mir bei Verbesserung des Werkchens helfend zur Seite standen, sage ich hierdurch meinen Dank.

Berlin, den 11. April 1872.

Vorrede zur 30. Auflage.

Auch diese wiederum 5000 Exemplare starke 30. Auflage ist ein unveränderter Abdruck der 25. Auflage.

Der jetzt schon in 5. Auflage erschienene „Schlüssel" zu den Aufgaben der Anleitung, bildet in Verbindung mit dem dritten Teil, dem „Lehrgang", den Abschluss der für den Unterricht bestimmten Abteilung des „Lehrbuchs". Alle drei Teile greifen eng in einander; der „Schlüssel" kann selbstständig als Lesestoff benutzt werden, wird aber auch, besonders in stark besuchten Cursen, dem Lehrer die zeitraubenden Correcturen durch die den Schülern ermöglichte Selbstcontrole erleichtern. Der „Lehrgang", welcher Paragraph für Paragraph erläuternd sich der Anordnung der Anleitung anschließt, bietet sowol dem Lehrer als dem durch Selbstunterricht lernenden Schüler die spezielle Motivirung sowie die wissenschaftliche Begründung des Systems.

Berlin, den 31. Januar 1876.

In Vertretung
des Herausgebers Dr. Franz Stolze
C. Heidenreich.

Übersicht des Systems.

Bemerkung. Die Lese- und Schreibübungen sind parallel numerirt und entsprechen den Lectionen eines mäßig fortschreitenden Cursus. Nach jeder Lection hat der Schüler zunächst die betreffende Leseübung abzuschreiben und hierauf den ersten Abschnitt der zugehörigen Schreibübung zu übertragen. Der zweite Abschnitt, „vermischte Aufgaben", bietet den vorgerückteren Schülern eine gewiss willkommene Gelegenheit zu weiterer Betätigung ihres Fleißes; auch wird derselbe bei etwa eingeschobenen Repetitionsstunden zu statten kommen.

Das Alphabet (Tafel 2) kann beim Unterricht vorläufig übergangen werden, da jeder einzelne Consonant später besonders aufgeführt wird. Lection 6, welche wenig neues bringt, ist zu einer Wiederholung des Vorhergegangenen geeignet. Die Wortkürzungen (Tafel 11) brauchen nicht auswendig gelernt zu werden, sie werden dem Schüler durch Lesen und Schreiben von selbst geläufig.

Einleitung.

§ 1. Die Stenographie ist ursprünglich dazu erfunden, öffentliche Reden nachzuschreiben. Sie muss zu diesem Zwecke mindestens fünfmal kürzer sein als die gewöhnliche Schrift. In neuerer Zeit ist dieselbe so vervollkommnet worden, dass sie bei ihrer größeren Kürze ebenso zuverlässig und lesbar bleibt wie die gewöhnliche Schrift. Man kann sie in vielen Fällen mit Vorteil statt der gewöhnlichen Schrift anwenden.

Die Stenographie ist daher eine höhere Stufe der Schrift.

§ 2. Um ihre Kürze zu erreichen, beginnt die Stenographie damit, alles überflüssige der gewöhnlichen Orthographie zu entfernen. Sie beseitigt daher:

a. die großen Anfangsbuchstaben;

b. die sogenannten Dehnungszeichen (h, e nach i, ee, aa, oo), in deren Anwendung überdies die gewöhnliche Schrift sehr willkürlich verfährt; daher tritt auch für th und rh in deutschen Wörtern t und r ein. Wir schreiben also: star, stele, stil; not, teil, tir, rede, statt: Staar, stehle, Stiel; Noth, Theil, Thier, Rhede, und lesen auch ohne Dehnungszeichen einen langen Vocal, denn bei kurzem Vocal tritt die Verdoppelung des Consonanten ein: starr, stelle, still.

Zwar gehen dann einzelne Unterscheidungen gleichlautender Wörter verloren, zB. zwischen hole — hohle, leere — lehre, Ton — Thon; die Stenographie geht aber von dem Grundsatz aus: was die Aussprache nicht unterscheidet, braucht auch die Schrift nicht zu unterscheiden. Auch die gewöhnliche Schrift kann viele begriffliche Unterschiede nicht darstellen, zB. Reif, reichen, Arme.

c. Die Stenographie gestattet daher auch, Fremdwörter dem Laute nach (phonetisch) zu bezeichnen, wo dies vollkommen möglich ist, zB. möbel, büro, fase, äter statt: Meubel, Bureau, Phase, Äther.

§ 3. Die Buchstaben der gewöhnlichen Schrift sind zu weitläufig; die stenographischen Buchstaben müssen daher einfachere Zeichen erhalten. Aus der gewöhnlichen Schrift lassen sich nur etwa 20 einfache Züge entnehmen; diese werden, um die nötige Auswahl zu erhalten, in verschiedener Höhe, die liegenden Zeichen auch in verschiedener Länge gebraucht: einstufige — zweistufige — dreistufige Zeichen; kleinere als einstufige heißen halbstufig; Zeichen von ein- und zweifacher Länge. (Siehe Tafel 2 oben.)

Dadurch wird es möglich, einfache Zeichen aufzustellen:

a. für jeden einfachen Laut (also auch für **ch**, **sch**, **ng**);

b. für häufig vorkommende Consonantenverbindungen, zB. **st**, **sp**, **mp**, **pf** (wie schon in der gewöhnlichen Schrift **z**, **x** für ts, ks); endlich können sogar

c. einigen Lauten mehrere Zeichen gegeben werden, woraus sich später Kürzungsvorteile ergeben: Hauptzeichen, Nebenzeichen, Hilfszeichen. (Siehe die Übersicht derselben auf Tafel 2 unten.)

§ 4. Die Kürze der stenographischen Schrift erhält aber erst dadurch den erforderlichen Grad, dass ihre Zeichen auf eine andere Art verbunden werden als die Buchstaben der gewöhnlichen Schrift. Die stenographischen Zeichen werden nämlich nicht einfach aneinander gereiht, sondern es findet eine Gliederung statt, indem bedeutsame und untergeordnete Bestandteile der Wörter unterschieden werden.

Diese Unterscheidung tritt ein:

a. in der Silbe zwischen Vocalen und Consonanten. Die Vocale werden in der Regel nicht selbst (buchstäblich) geschrieben, sondern durch die Stellung und besondere Markirung der Consonanten (symbolisch) ausgedrückt.

b. im mehrsilbigen Wort. Die Hauptsilbe (Stammsilbe) wird am ausführlichsten bezeichnet und bestimmt die Stellung des ganzen Wortes. Die Vorsilben und Endungen (Nebensilben) sind dagegen von der Hauptsilbe abhängig und werden oft auf eine kürzere Art bezeichnet.

c. im Satze. Gewisse stets wiederkehrende Wörter, namentlich Artikel, Pronomina, Hilfsverba, Präpositionen, Conjunctionen, Adverbia erhalten eine abgekürzte Bezeichnung. Diese Kürzungen sind jedoch nicht willkürlich, sondern geschehen nach bestimmten Grundsätzen.

Die Buchstaben.

§ 5. Für die Auswahl der Zeichen bieten einen Anhalt die Grundsätze:

a. ähnliche Laute erhalten ähnliche Zeichen,

b. höher articulirte Laute erhalten höhere Zeichen.

Die Zeichen der **Vocale** sind halbstufig. **a, u, au** unterscheiden sich von **e, o, eu** durch den stärkeren Schriftzug. Die Umlaute **ä, ö, ü, äu** werden durch den angesetzten Bindestrich bezeichnet.

Die Zeichen der **Consonanten** werden zunächst ohne besonderen Druck geschrieben

Die flüssigen Consonanten haben teils halb- teils einstufige Zeichen.

Die Hauchlaute sind durch gebogene Linien bezeichnet; die Schlusslaute beginnt, bildet oder schließt eine gerade Linie.

Die Zeichen der Lippenlaute und des **h** sind nach rechts, die der Kehllaute nach links, die der Zahnlaute nach beiden Seiten zugleich oder weder nach links noch nach rechts gebogen.

(Das Zeichen für **qu** steht auch für **q**, wenn kein Vocal darauf folgt.)

(Siehe Tafel 2.)

Übersicht der Stufenverhältnisse.

(Die Nebenzeichen sind schwach gedruckt, die Hilfszeichen eingeklammert.)

Halbstufig:	r	n	(s)												
einstufig:	l	ng	ß	m	h	v	b	n	ch	g	sch	z	c	s	x
zweistufig:				sp	w	f	b	d	j	g	sch	z	c	st	x
dreistufig:				mp	ph	pf	p	t	ch	k			th		

einstufig: **l** mouillé

zweistufig: (st), **schw**, **zw**, französisches **j**, cons. **y**

dreistufig: **qu**.

Halbstufig:

einstufig:

zweistufig:

dreistufig:

Einfache Länge: ; Doppelte L.

Vocale.

a = ä = e = i = au = äu = eu =

ü = u = o = ö = ei = ai =

Flüssige Consonanten.

r = l = m = [ ] n = [ ] ng =

Starre Consonanten.

Hauchlaute: w = f = [ ] j = ; s = v = ß = sch = ch = h =

Schlußlaute: b = d = g = ; p = t = k =

Zusammengesetzte Consonanten.

z = x = st = [ ] sp = nz = pf = ; schw = zw = qu =

Fremde Buchstaben.

y = c = ll [ ] = franz. j = c = ph = th =

Übersicht.

Hauptzeichen:

Nebenzeichen:

Hilfszeichen:

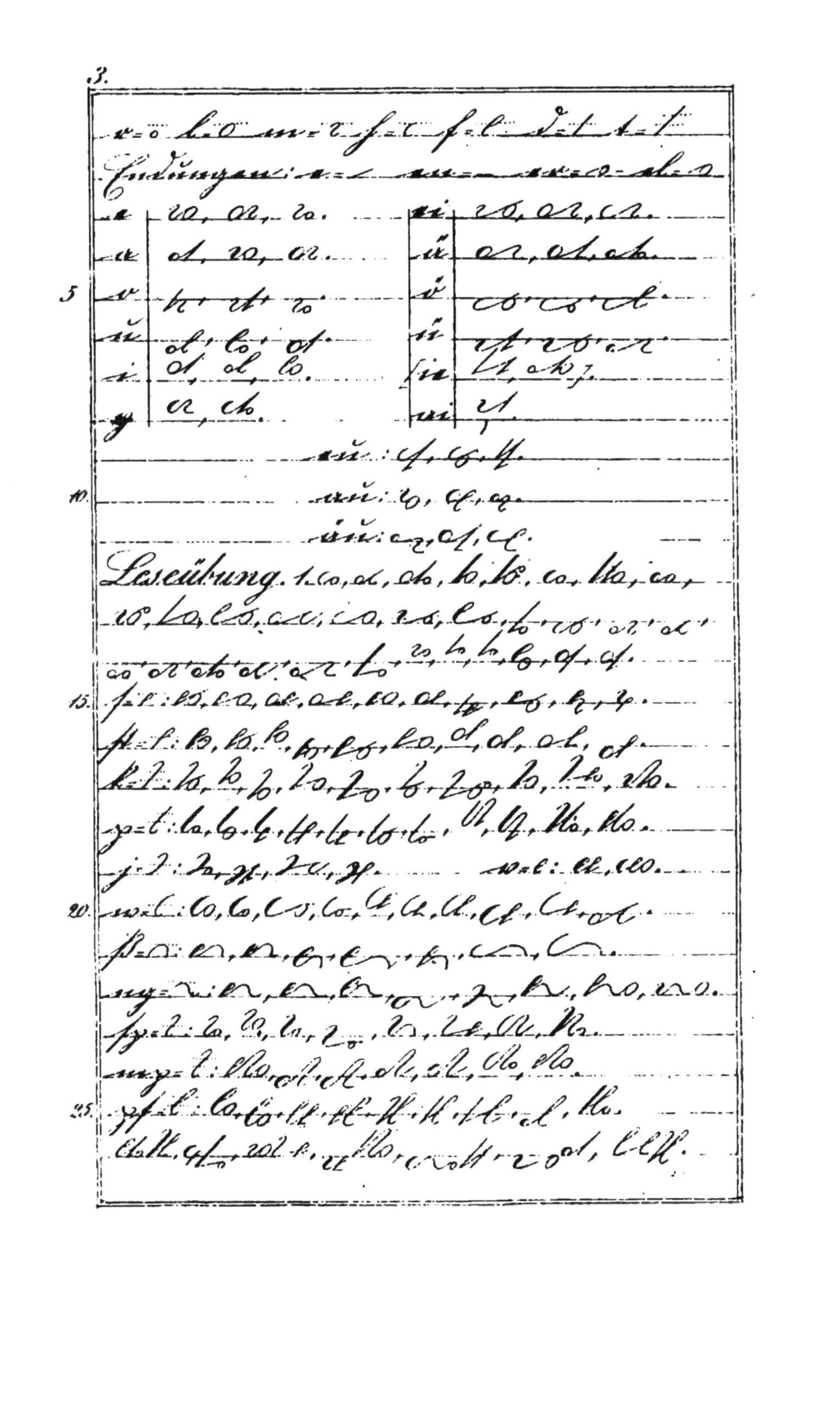

Endungen:

a		ä	
e		ü	
o		ö	
u		ü	
i		ie	
y		ei	

au:

eu:

äu:

Leseübung. 1.

Silbenteilung.

§ 6. a. Man versteht in der Stenographie unter Hauptsilbe (Stammsilbe) die erste Silbe des Worts (resp. die erste Silbe nach der Vorsilbe, s. §§ 23, 30); die folgenden Silben heißen Nebensilben und werden so abgeteilt, dass jede derselben mit einem Vocal beginnt; zB. heut-e, bitt-er-e, bittr-e, leb-end-ig-er, Test-im-on-i-um.

Ausnahme: 1) Diejenigen Nebensilben, welche mit einem Consonanten beginnen, zB. bar, heit, in dank-bar, Klug-heit, sind S. 9 besonders als „Endungen" aufgeführt. 2) Zusammengesetzte Wörter, wie Feder-kasten, Waffen-still-stand, werden nach der Zusammensetzung abgetrennt.

b. Die Hauptsilbe ist entweder eine geschlossene, zB. Tag, Tad-el, oder eine offene (mit anlautendem oder auslautendem Vocal), zB. Ad-el, bau-e; sie kann auch aus einem Vocal allein bestehen, zB. Ei, Au-en, O-as-e.

c. In jeder Silbe heißen die Consonanten vor dem Vocal der Anlaut, nach dem Vocal der Auslaut. Ist der Anlaut oder Auslaut ein mehrfacher, so heißt der vorangehende Consonant Vorlaut, der nachfolgende Nachlaut. So ist in dem Worte Kraft kr Anlaut, ft Auslaut, und zwar k und f Vorlaut, r und t Nachlaut.

Um in der Auswahl der Beispiele nicht zu beschränkt zu sein, merken wir uns hier schon die Bezeichnung der Endungen: **e, en, er, el** (s. die Tafel).

Die Hauptsilbe (Stammsilbe).

I. Die Vocale der geschlossenen Hauptsilbe.

§ 7. Die Vocale der geschlossenen Hauptsilbe werden symbolisch bezeichnet:

1) durch die Stellung der Consonanten **auf**, **unter** oder **über** der Schriftlinie, d. h., An- und Auslaut, durch einen Bindestrich verbunden, stehen mit ihren Fußpunkten entweder auf der Schriftlinie selbst, oder auf einer Linie, die in der Entfernung einer Stufe unter oder über jener gedacht ist,

2) durch das **schwache** oder **starke** Zeichen des Anlauts, und

3) durch die **enge** oder **weite** Verbindung des An- und Auslauts; nach folgendem Schema:

enge Verbindung:	**weite** Verbindung:
e: auf, schwach: Mehl, Lehm, Meer.	**ei: auf, schwach**: Meil-e, Leim, heim.
a: „ stark: Rad, Mal, lahm.	**ä: „ stark**: lähm-en, Läd-en, Räd-er.
o: unter, schwach: Dom, Mod-e, Moor.	**ö: unter, schwach**: Höhl-e, hör-e, Höf-e.
u: „ stark: Ruf, fuhr, lud.	**ü: „ stark**: müd-e, Mühl-e, rühm-en.
i: über, schwach: Lied, rief, fiel.	[**ie: über, schwach** nur in Eigennamen: Lied-e, Ried-el.]
y: „ stark: Hym-en, Hyd-er.	**ai: „ stark**: Maid.

Ist der Vocal **eu**, **au** oder **äu**, so steht der Anlaut auf, der Auslaut unter der Linie, und zwar:

eu: Anlaut **schwach**, **eng**, zB. heut-e, heul-e, deut-e.
au: „ **stark**, „ „ Maul, Lauf, Raum.
äu: „ „ **weit**, „ räum-en, läut-en, häuf-en.

Schreibübung 1 (siehe Seite 18).

II. Die Consonanten.

§ 8. a. Die Anlaute **r** und **l** werden links herum, die Auslaute **r** und **l** rechts herum geschrieben (siehe die Beispiele auf Tafel 3).

b. Für die Laute, welche Haupt- und Nebenzeichen haben, nämlich

1. **b, g, sch, ch, z, x, c; n,**

stehen die Hauptzeichen nur im Anfang der Hauptsilbe, sonst immer die Nebenzeichen, zB.

2. Buß-e, leb-e; geb-e, bieg-e; schab-e, wasch-e; Chor, Dach; Zieg-el, Reiz, Xav-er, Max; Cap, Pic; Rad-el, Fahn-e.

(Hilfszeichen werden vorläufig gar nicht angewandt.)

c. Die Auslaute **n, ng, ß** werden in der weiten Verbindung verlängert, nach **eu, au, äu** schräg abwärts gezogen, zB.

3. Wein, Füß-e, häng-e, Zaun, Zäun-e, Scheun-e.

d. **chs**, wenn es wie **x** lautet, wird wie dieses geschrieben, zB.

4. Fuchs, wachs-en.

e. Der Auslaut **t** wird nur nach **eu, au, äu** abwärts gezogen (siehe die früheren Beispiele), sonst dreistufig aufwärts gezogen, zB.

5. Rat, bat, Not, Mut, Hut, riet.

Seine schrägere Lage drückt die weite Verbindung aus, zB.

6. Zeit, reit, spät.

Merke 7. todt = tot.

Über den Anschluss der Endungen an das aufwärts gezogene **t** siehe:

8. rat-e, reit-en, Reit-er, Scheit-el.

Schreibübung 2.

§ 9. Für den Auslaut gelten noch folgende besondere Regeln:

a. Wird statt des Nebenzeichens das ähnliche Hauptzeichen gesetzt, so ist damit ein nachfolgendes **t** bezeichnet:

9. **bt, gt, scht, cht, zt, xt (chst), ct:**

10. lebt, Vogt, zischt, Licht, reizt, Text, wächst, Tact;

das Hauptzeichen von **n** steht für den Auslaut **nd**, zB.

11. Mond (Mohn), Wand (Wahn), bind-e (Bien-e).

b. Die Verdoppelung der Consonanten wird durch die Verstärkung ihres Zeichens ausgedrückt, zB.

bb, cc, dd, ff, gg, ck, ll, mm, nn, pp, rr, ss, tt.

12. Robb-e, Widd-er, Waff-e, Dogg-e, Zuck-er, Ball, Zimm-er, Sonn-e; Lipp-e, Narr, Mess-er, Wett-er.

13. **z, sch; st** verstärkt = **tz, tsch; sst.**

nd, ng, mp verstärkt = **nt, nk, mpf.**

Merke: Nach kurzen Vocalen steht **ss** (**ß**), nach langen **ß**, zB.

14. fass, Fass; Maß-e, Mass-e.

c. Im übrigen wird das auf einen Consonanten folgende **t** zweistufig aufwärts gezogen, zB.

15. stimmt, Heft, seht, wert, Welt, Wärt-er, Gart-en, Stadt.

Schreibübung 3.

1\. [illegible]

2\. [illegible] 3. [illegible]

4\. [illegible] 5. [illegible]

6\. [illegible] 7. [illegible] 8. [illegible]

Leseübung 2. [illegible]

9\. [illegible]

10\. [illegible]

11\. [illegible]

12\. [illegible]

13\. [illegible]

14\. [illegible] 15. [illegible]

Leseübung 3. [illegible]

1. [illegible]

2. [illegible]

3. [illegible]

4. [illegible]

5. [illegible]

6. [illegible]

7. [illegible]

8. [illegible]

9. [illegible]

10. [illegible]

11. [illegible]

12. [illegible]

13. [illegible]

14. [illegible]

15. [illegible] 16. [illegible]

17. [illegible] 18. [illegible]

Leseübung 4. [illegible]

§ 10. Zusammensetzung der Consonantenzeichen.

Zusammengesetzte Consonantenzeichen müssen so verbunden werden, dass zwischen ihnen kein Vocal zu lesen ist. Es wird dies im allgemeinen dadurch erreicht, dass der vorangehende Consonant höher gestellt wird. Bei den Zusammensetzungen mit **r** und **l** tritt jedoch eine eigentümliche Art der Verbindung ein.

Soll ein mehrfacher Anlaut verstärkt werden, so wird der Druck in das größere Zeichen gelegt (bei gleich hohen Zeichen in das auf der Vocallinie stehende).

a. Verbindungen mit **r** und **l**.

r und **l** nach gebogenen Linien:

1. **br, pr, fr, pfr, hr, wr, mr, spr, mpr, ngr; — bl, pl, fl, pfl, hl, wl, ml, spl, mpl, ngl; — schr, zr, chr; — schl, chl:**

2. brav, saubr-e, Pracht, froh, liefr-e, Pfriem, tapfr-e, Wrack, zimmr-e, Spritz-e, hungr-e; — blöd-e, Plan, Kepl-er, Flieg-e, Pflaum-e, Samml-er, dunkl-er; — Schrot, Christ, wuchr-e; — schlaf-en, Chlor.

r und **l** nach geraden Linien:

3. **dr, tr, ndr, gr, kr, str, sr, cr; — dl, tl, ndl, gl, kl, sl, cl:**

4. dreist, biedr-e, trüb-e, zittr-e, heitr-e, Wandr-er, muntr-e, Grosch-en, magr-e, Krieg, wackr-e, Strom, bessr-e; — tadl-e, Bettl-er, wandl-e, Glas, Klamm-er, Slav-en, Kassl-er, Class-e.

r und **l** vor gebogenen Linien:

5. **rg, rk, rch, rl, rm, rn; — lg, lk, lch, lm, ln:**

6. borg-en, borgt, Werk, horch-en, horcht, Karl, Schirm, Zorn; — Balg, Balk-en, Dolch, Helm, Kelln-er.

r und **l** vor geraden Linien:

7. **rb, rp, rnd, rd, rv, rf, rpf, rs, rst, rz, rsch, rc, rh; — lb, lp, lnd, ld, lv, lf, ls, lst, lz, lsch:**

8. mürb-e, Zierd-e, Wurf, Fers-e, Fürst, Herz, hersch-en; Kalb, Wald, Hals, Holz.

b. Andere Verbindungen (der Vorlaut wird höher gestellt).

9. **schm; schn, gn, kn, bn, pn, fn, dn, tn, hn, mn, sn:**

10. Schmach; Schnab-el, Gnad-e, regn-en, knapp, trockn-er, Schaffn-er, Redn-er, gehn, Hymn-e, Posn-er.

11. **ms, mst, md, mf; ns, nst, nf, nz, nch, nsch; ngw, ngst:**

12. Sims, Hamst-er, Hemd, Hans, Gunst, Hanf, Grenz-e, Mönch, Mensch; Hengst.

13. **bs, bst, bsch, bd, gd, chz, fz, cz, dsch, ps, ts, tw:**

14. Krebs, Herbst, hübsch, Magd, schluchz-en, Czech-en, Lots-e, Twest-en, Witw-e.

Für **s** als Vorlaut steht das erste Hilfszeichen (außer in sn, sl, sr); darauf folgt dann im Anlaut stets ein Hauptzeichen:

15. **sk, sm, sf, sd, sh, sc, sz:**

16. Mask-e, Sklav-e, Smalt-e, Dresd-en, Shawl, Szen-e.

Merke: Auch einige Verbindungen mit **r** und **l** werden besser durch die Höherstellung des Vorlauts ausgedrückt, zB.

17. Tischl-er, Segl-er, Schmeichl-er, Kanzl-er, Wechsl-er.

c. Dem Anlaut eigentümlich ist die Bezeichnung von:

18. **ll; pt, kt, tz, tsch.**

Schreibübung 4.

III. Die Vocale der offenen Hauptsilbe.

§ 11. Von den anlautenden Vocalen bezeichnet man:

e, o, i symbolisch durch einen kurzen Anstrich und die Stellung des Auslauts bei **e** auf, bei **o** unter, bei **i** über der Linie; **ei, ö** unterscheiden sich von **e, o** durch den längeren Anstrich; zB.

1. echt (recht), eh-e, Ernt-e, ernst; Ohr (Mohr), Org-el; ich (mich), imm-er, irr-en; Eis-en, eig-en, eit-el, öd-e, Öl. — ein (Wein), einst, einz-el.

Die übrigen Vocale stehen buchstäblich auf der Linie, zB.

2. Aal, Amt, Ähr-e, ächz-en; Unk-e, Urn-e; Eul-e, Eut-er; Aug-e, Aust-er.

§ 12. Die auslautenden Vocale werden an den schwachen Anlaut auf der Linie buchstäblich angeschlossen, zB.

3. ha, sä-en, See, Tee, Blei, zwei, blau, grau-en, Säu-e, Heu, neu-en, Knie.

Doch kann statt –euer,–auer,–äuer,–eier,–aier kürzer geschrieben werden: –eur,–aur,–äur,–eir,–air, wenn dem **r** kein Vocal folgt, zB.

4. Feuer, neuer, teuer, Trauer, trauernd, Feier, feiernd, Baier. — neur-e, neu-er-e, traur-e, trau-er-e, feir-e, fei-er-e.

Merke: 5. Mal, Bai, Hai, Lai-e.

6. da, die, du, ja, je, wie, wo, zwie.

§ 13. Die aus einem Vocal allein bestehenden Hauptsilben stehen buchstäblich auf der Linie, zB.

7. Au, Au-en, Ei.

Merke: 8. eu-er, eur, eu-er-e, eur-e; au-er, aur; Ei-er.

Schreibübung 5.

IV. Die Flexionslaute s, st, t.

§ 14. a. Das Flexions-s wird durch das erste Hilfszeichen des s dargestellt, und zwar: 1) als Declinationsendung: Weg-s; 2) in Zusammensetzungen: Miet-s-preis; 3) in adverbialen Ableitungen: nacht-s; 4) für die Verkürzungen von es und das: sag-s, für-s, statt sag es, für das; zB.

9. Weg-s, Buch-s, Seil-s, Wirt-s; Miet-s-preis; nacht-s, recht-s, flug-s; sag-s, tut-s.

Merke: Nach allen Zeichen, welche mit einem nach rechts gehenden Bogen endigen, wie b, m ꝛc., wird das Flexions-s links zurückgezogen, zB.

10. Dieb-s, Reim-s, Schiff-s, Hahn-s (Hans), link-s, See-s.

b. Für das Flexions-st (in der 2. Person sing. und im Superlativ) steht das Hilfszeichen, zB.

11. hilf-st, dien-st (Dienst), bohr-st (Borste), hält-st, bau-st, tief-st-er.

c. Das Flexions-**t** wird zweistufig aufwärts gezogen (siehe § 9c), zB.

12. stimm-t, seh-t, denk-t, wohn-t, dien-t-e (Dint-e), bau-t, fünf-t-e.

Wo jedoch **t** durch das ähnliche, höhere Zeichen des vorangehenden Consonanten ausgedrückt werden kann (§ 9a), geschieht dies, zB.

13. gibt, sagt, lacht, hascht, rutscht, reizt, setzt, wächst, weist, fasst;

ausgenommen, wenn eine Unterscheidung wünschenswert ist, zB.

14. Rast, ras-t; List, lies-t; Flucht, fluch-t.

Merke: Endigt die Stammsilbe auf einen Vocal, so darf der Kürze wegen **t** und **st** auch als Auslaut behandelt werden, zB.

15. baut, baust.

Schreibübung 6.

1.

2.

3.

4.

5. 6.

7. 8.

Leseübung 5.

9.

10.

11.

12.

13.

14. 15.

Leseübung 6.

1. [illegible]

2. [illegible]

3. [illegible]

4. [illegible]

5. [illegible]

6. [illegible]

7. [illegible]

8. [illegible]

9. [illegible]

10. [illegible]

Leseübung 7. [illegible]

Die Nebensilben.

I. Nebensilben mit consonantischem Auslaut.

§ 15. Symbolische Schreibung.

Der Vocal wird durch (Neben-, Tiefer- oder Höher-) Stellung, Druck und (enge oder weite) Verbindung des folgenden Consonanten ausgedrückt, und zwar nach folgendem Schema:

enge Verbindung:	**weite** Verbindung:
e: neben, schwach: Fed-er, tad-eln, treff-end, leb-est.	**ei: neben, schwach:** Oh-eim, Am-eis-e, Lat-ein.
a: „ stark: Wald-em-ar, Pok-al, Ork-an, Kam-er-ad.	**ä: „ stark:** Can-äl-e, Dom-än-e, Meg-är-e.
o: tiefer, schwach: emp-or, Par-ol-e, Bar-on, Bisch-of.	**ö: tiefer, schwach:** emp-ör-end, Bisch-öf-e, Ein-öd-e
u: „ stark: Nahr-ung, Cons-ul, Fig-ur, Sec-und-e.	**ü: „ stark:** Calc-ül, Trib-ün-e, Kost-üm.
i: höher, schwach: eifr-ig, neid-isch, Mess-ing, Gräf-in.	**ie: höher, schwach:** Span-ier, Schles-ien, Dan-iel,
y: „ stark: Ox-yd, Zef-yr, As-yl, an-on-ym.	**ia: „ stark:** Kav-iar, Grob-ian; soc-ial.

Für den Gebrauch dieses Schemas gelten noch folgende Regeln:

a. Bei mehrfachen Consonantenzeichen erhält den Druck das erste, zB.

1. Fin-anz-en, Rich-ard, Moll-usk-en, Aeg-ypt-en.

b. Für **s** darf zur Tiefer- oder Höherstellung oder zur Verstärkung auch das erste Hilfszeichen benutzt werden, zB.

2. Kosm-os, E-os, Franz-os-e, franz-ös-isch, Lux-us, Par-is, Di-on-ys, Spec-ies, Top-as, O-as-e; Chin-es-e.

c. In den Nebensilben **ik, ak** darf k durch c ersetzt werden, zB.

3. Mus-ik, Fabr-ik, Tab-ak, Salm-iak.

d. In den Nebensilben auf **t** wird dieses abwärts gezogen, zB.

4. Heim-at, Pack-et, Arm-ut, Kaj-üt-e, Desp-ot, pos-it-iv, Bar-yt, as-iat-isch;

nur das tonlose ĕt und eit werden aufwärts gezogen (dreistufig), zB.

5. schweig-et, lach-et, pack-et, richt-et, wähl-et, red-et-e; Arb-eit.

e. Nach dem rechts herum geschriebenen **l** gilt stets dessen oberer Rand als Basis für die Neben-, Tiefer- oder Höherstellung, zB.

6. Hell-er, heil-end, Heil-and, heil-est, Chok-ol-ad-e; Heil-ung, Kol-on, kolor-ir-en, Kal-om-el, mel-od-isch; heil-ig, pol-ir-en, Kal-if, Il-iad-e;

es ist daher zuweilen vorteilhafter, das **l** links herum zu ziehen, zB.

7. Mil-it-är.

f. Nach dem aufwärts gezogenen **t** werden nur die Vocale **e** und **a** symbolisch bezeichnet, und auch diese nur dann, wenn ihnen halb- oder einstufige Consonantenzeichen folgen, zB.

8. Hot-el, leit-end, Not-ar, fat-al, Sat-an, acc-ept-ab-el.

Ausnahme: **g, sch** bedeuten nach dem aufwärts gezogenen t **ig, isch; ng, m** verstärkt **ung, um,** zB.

9. mut-ig, fert-ig, balt-isch, prakt-isch; Leit-ung, Dat-um.

Um die symbolische Schreibung nach **t** auch auf die übrigen Fälle ausdehnen zu können, darf **t** überall abwärts gezogen werden (desgleichen, um zu hohe Wortbilder zu vermeiden), zB.

10. Nat-ur, grat-ul-ir-en, Mot-iv, grat-is, Märt-yr-er; Mat-er-ial.

Schreibübung 7.

§ 16. Buchstäbliche Schreibung.

Jeder buchstäblich geschriebene Vocal in einer Nebensilbe wird mit dem folgenden Consonanten, mit welchem er eine Silbe bildet, in ähnlicher Weise verbunden, wie in Consonantenzusammensetzungen Vorlaut und Nachlaut (§ 10 und 9c).

Die buchstäbliche Schreibung tritt ein:

a. immer bei **eu au, äu**, zB.

1. el-eus-isch, Pos-aun-e, Kart-äus-er.

b. wenn der folgende Consonant bereits nach § 9b Verstärkung erfordert, zB.

2. Ped-ell (Ped-al), Prinz-ess-in, Kad-ett; Kür-ass-ier, Kar-aff-e, Joh-ann; Pant-off-el, Mar-ott-e; Schal-upp-e; Ag-ent-ur, Dolm-etsch-er. Met-all Kart-off-el, Quart-ett.

Für **nt** ist daher oft die aufgelöste Schreibung **n-t** vorteilhafter, zB.

3. fleb-ent-er, Stud-ent, pik-ant, Hor-iz-ont, Trap-ez-unt, Lab-yr-int, Or-ient, Kom-öd-iant.

c. nach dem aufwärts gezogenen **t** (vergleiche jedoch § 15f), zB.

4. wart-est, bet-est, leit-est, wart-et, bet-et, leit-et; Cit-at, acc-ept-ir-en.

d. um die Betonung anzudeuten, wo dies die Deutlichkeit erhöht, zB.

5. mod-érn (mód-ern), Ad-él-e (ad-el-e), Kam-eel.

Merke: 6. A-er-o-naut (Ar-on) ꝛc.

II. Nebensilben, welche aus einem Vocal allein bestehen.

§ 17. a. Nebensilben, welche aus einem Vocal allein bestehen, werden buchstäblich geschrieben, zB.

7. Sod-a, extr-a, Arm-ee (Arm-e), Ott-o, Uh-u, Jun-i; Bo-a, J-o; Dan-a-er, Mich-a-el-is, Hebr-ä-er, Eur-op-ä-er, Mill-i-on.

b. Folgt auf die Nebensilbe ĭ ein buchstäblicher Vocal, so wird **i** symbolisch durch die Höherstellung der folgenden Silbe ausgedrückt, zB.

8. Vict-or-ia (Mar-i-a), Fol-io; spec-iell, Serv-iett-e, Mar-iott-e.

Phonetische Schreibung.

§ 18. a. Die phonetische Schreibung (§ 2c) darf überall angewandt werden, wo sie bequemer oder deutlicher ist als die buchstäbliche; so steht namentlich: **ä, o, ö, u, ü** statt der französischen Vocale ai, au, eau, oeu, eu, ou, u; **e** statt franz. er, et; **k, ck** statt franz. qu; **f, t** statt ph, th; **z** statt **t** in tion ꝛc; zB.

9. Affaire, Bureau, Souffleur; Diner, Rentier; Etiquette, Banquier; Phase, Nymphe, Koryphäe; These, Äther, Xanthippe, ästhetisch; Position, Situation, Dotation, Association. (Lotse.)

b. Für den Laut des französischen j (zB. in Loge) und l mouillé (zB. in Taille) besitzt die Stenographie besondere Zeichen, zB.

10. Genie, Loge, Barege, Menagerie, Equipage, Prestige, Mariage; Taille, Reveille, Bataillon, Vanille, Quadrille, Fauteuil, Patrouille.

Schreibübung 8.

1. [shorthand] 2. [shorthand]

3. [shorthand]

4. [shorthand]

5. [shorthand] 6. [shorthand]

7. [shorthand] 8. [shorthand]

9. [shorthand]

10. franz j = [shorthand]

l mouillé = [shorthand]

Leseübung 8. [shorthand]

y = [shorthand]

Leseübung 9.

Gekürzte Schreibung.

I. Endungen.

§ 19. Endungen mit **e**:

e: Hase, wache, leite.
em: Odem, tiefem, zartem.
chen (Verkleinerungssilbe): Bäumchen, Kleidchens.
en: fangen, richten, beten.
es: starkes, Buches, zartes.
sel: Rätsel, Häcksel.

Merke:

a. Die vorstehenden Zeichen für **e, en, em, es** dürfen nur für die **tonlosen** Endsilben und nur am **Schlusse** der Wörter benutzt werden; anderenfalls treten die allgemeinen Regeln über die Nebensilben ein, zB.

1. Armee, Idee, Athen, System; eigens, Betens, Odems, seidene (seidne), seidenem (seidnem), wollenes (wollnes); Japanese.

b. **eu** und **au**, als Auslaute der Hauptsilbe, können vor den Endungen **en, em, es** dadurch bezeichnet werden, dass die letzteren schräg abwärts gezogen werden, zB.

2. neuen, neuem, neues, treuen, trauen, bauen, graues.

§ 20. Endungen mit **a**:

bar: zinsbar, dankbarer, offenbar, offenbaret, offenbarest, offenbart, offenbarst.
falt: Einfalt, Sorgfalt, dreifaltig, sorgfältig.
haft: ernsthaft, schadhaft, dauerhaft, lasterhaft, fabelhaft, lügenhaft, grauenhaft.
schaft: Herrschaft, Erbschaft, Wirtschaft, Wanderschaft, Wissenschaft, Eigenschaft.
sal: Trübsal, Mühsal, Scheusal, Schicksal.
selig: trübselig, mühselig.
sam: heilsam, biegsam, achtsam, wirksam, wundersam, ratsam, arbeitsam, wonnesam.

§ 21. Endungen mit **i, u, ei**:

lich: herrlich, traulich, leserlich, hoffentlich, feierlich, ehelich, ehelicht.
nis (nisse): Zeugnis, Wildnis, Bildnis, Finsternis, Kenntnisse.
tum (tüm): Wachstum, Bistum, Irrtum, Irrtümer, irrtümlich, Eigentum, eigentümlich.
heit, keit: Falschheit, Krankheit, Krankheiten, Zartheit, Eigenheit, Dunkelheit, Bitterkeit, Süßigkeit, Herrlichkeit;
ebenso **tät**: Facultät, Majestät, Qualität, Rarität, Pietät, Societät.

§ 22. Zahlwörterendungen:

zehn: dreizehn, vierzehn, funfzehn, sechzehn, siebzehn, achtzehn, neunzehn.
zig: zwanzig, vierzig, funfzig, sechzig, siebzig, achtzig, neunzig.
lei: einerlei, zweierlei, dreierlei, tausenderlei.

Schreibübung 9.

II. Vorsilben.

§ 23. a. Die unten angeführten Vorsilben werden im allgemeinen mit dem Anlaut der Stammsilbe in ähnlicher Weise verbunden, wie in Consonantenzusammensetzungen Vorlaut und Nachlaut (§ 10); sie werden also oben angeschlossen. Ist der Anlaut der Stammsilbe r oder l, so werden die Vorsilben von unten angeschlossen (siehe unten Beruf, gerecht 2c). Beginnt die Stammsilbe mit einem Anstrich (§ 11), so schließen sich die Vorsilben unmittelbar an den Anfang desselben an (siehe unten beehren, geordnet 2c).

Diejenigen Vorsilben, deren Zeichen als Anlaut vorkommen kann (also ver und sub), müssen eine Stellung erhalten, welche sie vom Anlaut unterscheidet (siehe unten Verein, Subordination 2c).

be: Bestand, Bescheid, Befehl, Beteiligung, Beamter; Beruf, Belehrung; beehren, beerben.

ge: Gebet, Gewerbe, Geschäft, getan, Gefühl; gerecht, Gelegenheit; geordnet.

ver: verderben, Verwirrung, verschieden, Verzeichnis, Vertrauen, verargen; Verrat, Verlobung; Verein.

er: erbarmen, erwerben, Erhebung, erzählen; erreichbar, Erlebnis, Ereignis.

ent: entdecken, Entstehung; enträtseln, Entladung; enterben.

= **ant** in: Antwort, Antlitz.

emp nur in: empfangen, empfehlen, empfinden.

un: Undank, unfruchtbar, unglücklich; unrecht, unruhig, Unlust; uneinig, unordentlich.

mis (**misse**): misfallen, Miston, misgünstig; misraten; Misernte; Missetat.

zer: zerbrechen, Zerstörung, zerstreuen; zerreißen. **ur**: Ursache, Urheber, Urteil.

con: Concert, Confect, Contract, conjugiren, Concession, Concurrenz.

sub: Subject, Substantiv, Subordination.

b. Vor eine Vorsilbe kann wieder eine andere treten, zB.

1. Verantwortung, beurlaubt, beunruhigt, Misverhältnis, unbedeutend, unerbittlich, ungebunden, unverständlich, unzerbrechlich, verunstalten, unverantwortlich.

Schreibübung 10.

III. Wortkürzungen.

§ 24. Einige stets wiederkehrende Wörter (§ 4c) werden abgekürzt, d. h. nur durch einen Teil ihrer vollständigen Schriftzüge bezeichnet, und zwar:

a. durch den Anlaut. Ist der Anlaut consonantisch, so wird durch die Stellung und den Druck desselben der nachfolgende Vocal angedeutet, zB. nach, noch, nun, nicht; her, hier; gleich, bloß. Über der Linie wird die Verstärkung benutzt, um einen anderen Auslaut zu bezeichnen, zB. hier, hin; nicht, nie; wie, wir.

Statt der Hauptzeichen werden dabei auch Nebenzeichen oder Hilfszeichen benutzt, zB. bis, schon; sie, so; sehr, sich.

Ist der Anlaut vocalisch, so deutet die verschiedene Stellung desselben (auf, unter oder über der Linie) auf verschiedene Auslaute, zB. auch, auf; an, am; in, im.

b. durch den Auslaut. Derselbe deutet ebenfalls durch seine Stellung und seinen Druck oft den vorhergehenden Vocal an, zB. nur; doch, durch, welch, manch; denn, dann.

c. durch Verbindungen verschiedener Elemente, zB. also, ander, gerad.

be-:

ge-:

ver-:

er-:

ent-: … ent-:

emp-:

un-:

miß(misse)-:

zer-: … ur-:

con-:

sub-:

1.

Leseübung 10.

A. 1. 2. 3. 4. 5.
6. 7. 8. — B. 1. 2. 3. 4.
D. 1. 2. 3. 4. 5.
6. 7. 8.
E. 1. 2. 3. — F.
G. 1. 2. 3. 4. — H. 1. 2.
I. 1. 2. — J. 1. 2. 3.
K. 1. 2. — L. — M. 1. 2.
N. 1. 2. 3.
O. 1. 2. 3. — R. — S. 1. 2.
3. 4. 5. 6. 7. 8. 9.
U. 1. 2. 3. 4. 5.
V. 1. 2. 3. — W. 1. 2.
3. 4. 5. 6. 7. 8.
Z. 1. 2. 3. 4. 5. 6.
1.
2.
3. 4.
Leseübung 11.

§ 25. **Alphabetisches Verzeichnis** der Wortkürzungen (mit Ausnahme der Hilfsverba).

A. 1. an, am. 2. ab: aber. 3. all: allein. 4. als: alsdann, also. 5. ander: andre, andere. 6. auch, auf. 7. aus. 8. auß, äuß: außer, äußer.

B. 1. bald. 2. bis. 3. bei. 4. bloß.

D. 1. dein, dort. 2. der, dar. 3. das, dass, des, dess; dies: dieser, diese. 4. desto. 5. denn, dann. 6. den: denen, dem. 7. doch, durch. 8. derjenige, diejenige, dasjenige, desjenigen, denjenigen, demjenigen.

E. 1. er, es. 2. etwa: etwas. 3. euch.

F. fast, fern, fort, für (führ).

G. 1. ganz, gern. 2. gegen, genug. 3. gerad 4. gleich.

H. 1. her, hier, hin. 2. hinter: hinten.

I. 1. in(n), im. 2. ihn: ihnen, ihm.

J. 1. jeder, jede, jedes, jedem, jeden. 2. jener, jene, jenes. 3. jetzt.

K. 1. kein. 2. kaum. — L. lang.

M. 1. man(n), mein (Pronomen und Verb), mit(t): mittel. 2. manch: mancher.

N. 1. nach, nicht: nichts, nie, noch, nun. 2. nieder: niedre, niedere, niedrig. 3. nur.

O. 1. ob: ober, oben. 2. oder. 3. ohn: ohne. — R. rück.

S. 1. sein, sonst. 2. sie, so. 3. sehr, sich. 4. seit. 5. selb, solch. 6. selbst. 7. sonder: sondre, sondere. 8. schon. 9. statt.

U. 1. und, u. s. w. 2. über: übrig. 3. um. 4. uns: unser, unsere, unsre. 5. unter: untre, untere, unten.

V. 1. viel: vielleicht. 2. vor: vorn, vorder. 3. voll.

W. 1. was, wer, wir, warum. 2. weshalb, weswegen. 3. wenig. 4. weder, wi(e)der. 5. wol, weil. 6. wegen. 7. welch: welcher. 8. weit.

Z. 1. zu: zur, zum. 2. zusammen. 3. zB. 4. zurück. 5. zwar. 6. zwischen.

§ 26. Anschluss der Vorsilben, Endungen rc. an Wortkürzungen.

a. Hauptregel. Vorsilben und Nebensilben (Endungen, Flexionslaute) werden an Wortkürzungen ebenso angeschlossen, wie an ungekürzte Wörter, zB.

1. Vergleich, ungemein, bevor, besonders, entgegen. — Vergleichs, vergleichst, vergleicht; gleiche, gleichen, gleichem, gleiches, Gleichheit, gleichsam, mannhaft, Gleichung, Meinung, baldig, gemeiniglich, aller, innere, gerader.

b. Ausnahme. Nach Wortkürzungen, deren Zeichen als Anlaut vorkommen kann, werden diejenigen Nebensilben (Endungen), welche als Auslaut vorkommen können, also namentlich:

er, est, end, et, — lich, bar, nis,

eine halbe Stufe höher gestellt (**et** vermittelst eines Häkchens), zB.

2. meiner (mehr), ganzer (gar), vieler (vier), meinest, führest, meinet (Met), vergleichet, führend (Fund), unvergleichlich, vergleichbar, Gleichnis.

c. Der Umlaut einer Wortkürzung wird durch einen ihr angesetzten langen Bindestrich, beim Flexions-**t** durch die schrägere Lage desselben bezeichnet, zB.

3. nächst, genügen, ergänzen, ergänzt, Ergänzung, Männer.

§ 27. Man schreibt ohne Kürzung, wenn durch dieselbe nichts erspart wird, zB.

4. erobern.

Schreibübung 11.

§ 28. Hilfsverba.

a. Die Kürzungen der Hilfsverba stehen sämmtlich über der Linie.

hab: habe, haben, habend, habest, habet, habt. hast.
hat: hatte, hattest, hattet.
hätt: hätten, hättest, hättet.
gehabt, zu haben.

bin, bist, ist, sind, sein.
war: waren, warst, warest, waret, wart.
wär: wäre, wärest, wärst, wäret, wärt.
se: seid, seien, seiend, seist, seiest, seiet.
gewesen, zu sein.

werd: werden, werdend, werdest, werdet.
wirst, wird, ward.
wurd: wurde, wurdest, wurdet.
würd: würden, würdest, würdet.
worden, geworden, zu werden.

darf: darfst; dürfe, dürfen, dürfest, dürfet; durfte, durftest, durftet, gedurft; dürfte, dürftest, dürftet. (dürf.)

kann: kannst; könne, können, könnend, könnest, könnet; konnte, konntest, konntet, gekonnt; könnte, könntest, könntet. (könn.)

mag: magst; möge, mögen, mögend, mögest, möget, mögt. (mög.)
mocht: mochte, mochtest, mochtet, gemocht.
möcht: möchten, möchtest, möchtet.

lass: lassen, lassend, lassest, lasset, lasst, lässt; gelassen.
liess: liessen, liessest, liesset, liesst.

muss: musste, musstest, musstet.
müss: müsse, müssest, müsset, müsst, müsste, müsstet.

woll: wolle, wollend, wollest, wollst, wollet, wollt; wollte, wolltest, wolltet; gewollt.
will: willst.

soll: sollen, sollend, sollest, sollst, sollet, sollt; sollte, solltest, solltet; gesollt.

b. Ableitungen von Hilfsverben:

1. vermögen, möglich, bedürfen, Bedürfnis, dürftig, verlassen, unerläslich.

Schreibübung 12.

hab= hast=

hat(st)= hätt=

gehabt= zu haben=

bin= bist= ist= sind= sein=

war= wär=

sei=

gewesen= zu sein=

werd= wirst= wird= ward=

würd= wurd=

werden= geworden= zu werden=

darf=

kann=

mag=

laß=

muß=

woll=

soll=

Leseübung 12.

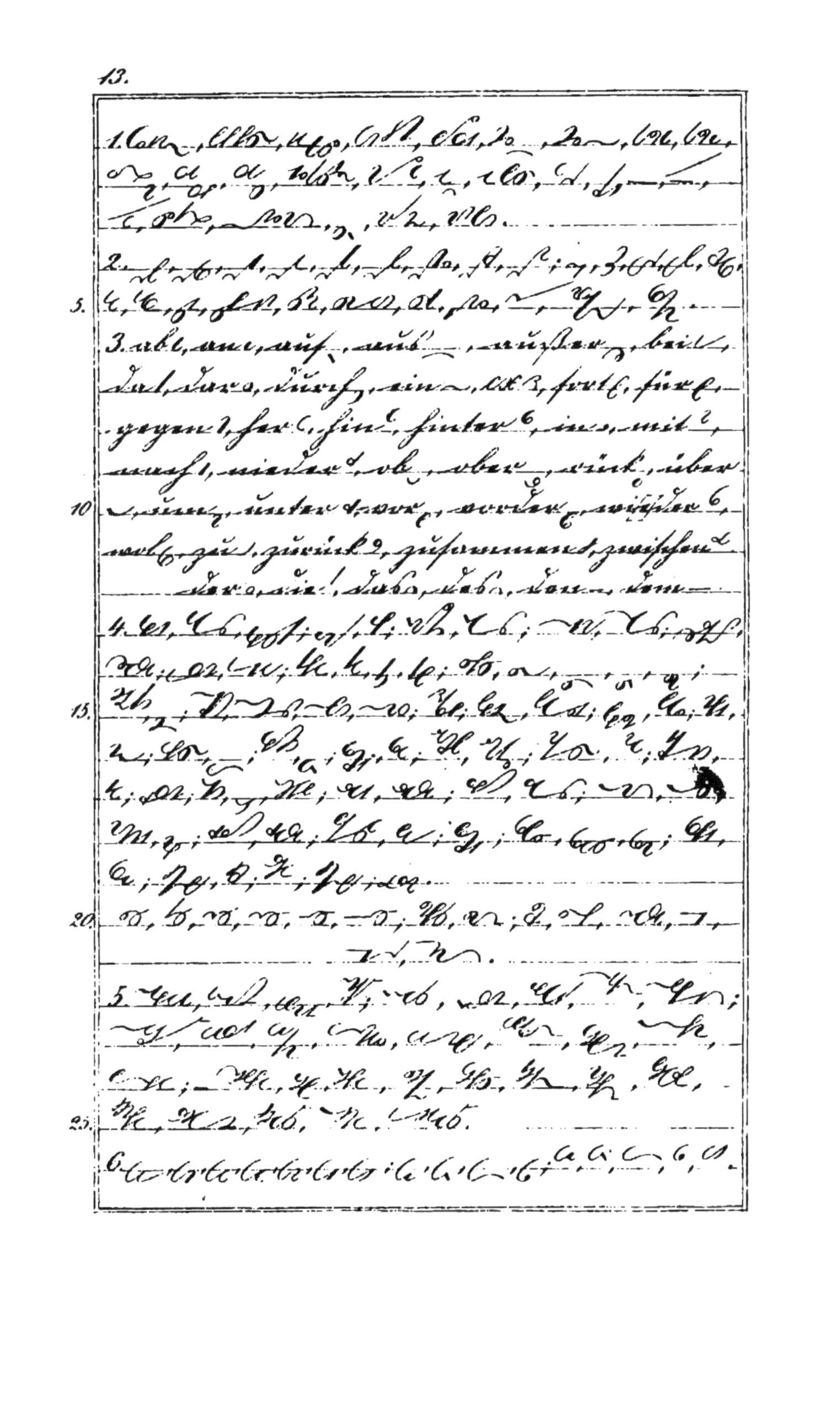

1. [illegible]

2. [illegible]

3. [illegible]

4. [illegible]

5. [illegible]

6. [illegible]

Zusammengesetzte Wörter.

§ 29. Hauptregel. In mehrsilbigen Wörtern, welche deutlich als zusammengesetzte erkennbar sind, werden die einzelnen Bestandteile dicht an einander gestellt, und zwar im allgemeinen unverbunden, zB.

1. Wahrnehmung, Feststellung, Nebenbuhler, wegschicken, Vaterland, jahraus, jahrein, bergab, bergan, ringsum, lieblos, liebevoll, Interpellation, späterhin, ebenso, ebenfalls, hierselbst, trotzdem, seitdem, seither, allerdings, einigermaßen, vollauf, meinetwegen, mannigfach.

Die Verbindung ist nur da zulässig, wo sie die Deutlichkeit nicht beeinträchtigt, zB.

2. sofort, sowol, sonach, soeben, sobald, sofern, sogar, sogleich, somit; dennoch, jedoch, woselbst, wofern, gleichwol, bisher, bisweilen, vollenden, vollständig, allgemein, allmählich, alsbald, nunmehr, diesseit, Mittelpunkt, willkommen.

§ 30. Ausnahme. a. Die Wörter:

3. ab (ab), an, auf, aus, außer, bei, da, dar, durch, ein, ex, fort, für, gegen, her, hin, hinter, in (in), mit, nach, nieder, ob (ob), ober, rück, über, um, unter, vor, vorder, wi(e)der, wol, zu, zurück, zusammen, zwischen,

der, die, das, des, den, dem,

werden in Zusammensetzungen, wenn sie vorangehen, wie Vorsilben (§ 23) behandelt, zB.

4. Absatz, abwärts, absolut; Anmut, anstatt; aufmerksam, aufwärts; Ausnahme, auswärts; außerordentlich, außerhalb; Beilage, beinahe; dastehen, daher, dadurch, dafür; darstellen, darüber, daran, darauf, darum; durchschnittlich, durchaus; Eintracht, einjährig, einfach, einmal; expreß; Fortsetzung, fortwährend; Fürsorge, fürwahr; Gegenstand, gegenüber; Herstellung, heraus; hinsichtlich, hinauf; Hintergrund, hinterher; Inbegriff, Inspector; Mitteilung, mithin; nachträglich, nachher; Niederlage; Obdach, obschon, objectiv; Oberhand, oberhalb, Rücksicht, rückwärts; Übermaß, überall; Umgegend, umsonst; Unterricht, unterhalb; vorteilhaft; vorbei; Vordergrund; widerfahren, wiederholen, wiederum; Wolstand, wolan; Zukunft, zugleich; zurückziehen; Zusammenkunft; Zwischenraum. Derselbe, dieselbe, dasselbe, desselben denselben, demselben; dergestalt, dermaßen, dergleichen, dereinst, deshalb, demnach, demnächst demgemäß.

5. unabsehbar, beobachten, bevormunden, entgegentreten; Aufenthalt, auferlegen, anverwandt, ausbedingen, Einverständnis; einherschreiten, herablassend, herankommen, Herausgeber, herbeigeführt, hervorbringen, hinzufügen, übereinstimmen, voraussehen; — misszuverstehen, anzuführen, aufzustehen, darzutun, herzustellen, nachzudenken, umzustoßen, vorzuwerfen, zuzugestehen, zurückzuweichen, zusammenzuhalten, überzugehen, beizubehalten.

b. Ebendieselben Wörter schließen sich in Zusammensetzungen an wo und hier wie Endungen, d. h. in gleicher Höhe an; dabei steht wo auch für wor; zB.

6. wobei, wogegen, woher, wohin, womit, wonach, wozu; woran, worauf, woraus, worin; hieran, hierauf, hieraus, hierin, hierzu.

§ 31. In Eigennamen muſs deren eigentümliche Orthographie genau wiedergegeben werden, zB.

1. Mähren, Uhland, Göthe, Thaer, Rhein, Saarbrücken, Meyerbeer, Roon, Liebig; Meier, Bauer, Paur; Toul, Besoul, Loire, Dessoir, Bordeaux, Lloyd; Hans Sachs, Bekker, Arezzo, Francke, Mitscherlich, Winkelmann, Anhalt Dessau, Fürbringer; Lozère, Sévigné, L'Estocq, Besançon.

§ 32. Soll ein Zeichen nicht als Abkürzung gelten, so setzt man einer halbstufige gerade Linie darunter, zB.

2. r, l, m, n sind Schmelzlaute.

Weitere Ausbildung.

Wenn man die Stenographie theoretisch erlernt hat, so muſs man sie fortgesetzt üben, um in ihrer Handhabung die erforderliche Geläufigkeit zu erlangen. Man übertrage daher zunächst möglichst viel aus der gewöhnlichen Schrift in die stenographische. Anfangs schreibe man auf Linien; später bedarf man derselben nicht mehr.

Man vernachlässige aber auch die Übung im Lesen nicht, denn das Schreiben geschieht um des Wiederlesens willen, und insbesondere macht das regelmäßige Wiederlesen der eigenen Schrift am besten auf die Fehler und Ungenauigkeiten derselben aufmerksam. Correcten Lesestoff bietet das in stenographischer Schrift erscheinende Unterhaltungsblatt „Stenographischer Erzähler" (Berlin, Verlag von A. Enslin, Redacteur Th. Wendisch, jährlich 12 Nummern, Preis 3 Mark).

Wer in der Stenographie einige Geläufigkeit erworben hat, mache von derselben für seinen eigenen Gebrauch (zum Entwerfen von Aufsätzen und dergl.) möglichst bald eine umfassende Anwendung. Die Stenographie bietet in vielen Fällen eine große Erleichterung; man kann mit ihr nicht nur bedeutend rascher, sondern auch sorgfältiger arbeiten als mit der gewöhnlichen Schrift. Wer sich mit der stenographischen Schrift vertraut gemacht hat, wird die gewöhnliche Schrift nur noch da anwenden, wo sie nicht zu vermeiden ist.

Um sich im Nachschreiben von Reden eine Fertigkeit anzueignen, beginne man mit Predigten und dergleichen langsameren Vorträgen. Dabei bediene man sich statt der Feder des Bleistifts.

Ein vorzügliches Mittel, um sich selbst in der genauen Kenntnis des Systems zu befestigen, ist die Erteilung des Unterrichts in demselben. Wer Gelegenheit dazu hat, mache also seine Freunde mit der Stenographie bekannt.

Die Stenographie gewährt um so größeren Nutzen, je allgemeiner sie zur Anwendung gelangt. Diese allgemeine Ausbreitung ihr zu verschaffen und auf ihre Einführung in die Schulen hinzuwirken, bemühen sich zahlreiche Vereine in den größeren Städten Deutschlands. Wer sich diesen Bestrebungen anschließen will oder überhaupt Auskunft über stenographische Angelegenheiten wünscht, wende sich an den „Stenographischen Verein zu Berlin" (Adresse: „Stenographisches Büreau des Hauses der Abgeordneten").

Für Diejenigen, welche sich über die Vorkommnisse auf dem Gebiete der Stenographie in laufender Kenntnis erhalten wollen, empfiehlt sich das in correcter stenographischer Schrift erscheinende „Archiv für Stenographie" (Berlin, Redacteur Dr. Simmerlein, Verlag von A. Enslin, jährlich 12 Nummern. Preis 3 Mark).

Lesestücke.

Zu Tafel 12.

[illegible]

[illegible]

[illegible]

[illegible] 1798. [illegible] 1820 [illegible] 1838 [illegible] 1841 [illegible] 1848 [illegible] 1852 [illegible] 1867.

[illegible]

Lith. Anst. v. Th. Wendisch Berlin

Schreibübungen.

Die Übertragung enthält der „Schlüssel", Berlin bei E. S. Mittler u. Sohn.

Schreibübung 1.

r, l, m, h, f, d, t; -e, -en, -er, -el.

e: Hefe, Feder. **a**: Hafer, Tafel. **ei**: meide, heim. **ä**: mähen, Fäden. **o**: Hof, Tod. **u**: Huf, Fuder. **ö**: Höfe, Höhe. **ü**: Mühe, müde. **i**: tief, Fiedel. **y**: Hyder, Hymen. **ai**: Maid. — **eu**: heute, Teufel. **au**: taufen, Daumen. **äu**: häufen, Täufer.

s, st: Seide, Mosel, stehen, Muster. — **k, p**: kaufen, Haken, Pudel, Typen. — **j, w**: jähe, Jod, weise, Möwe. — **v**: Vieh, Dove. — **ß, ng**: Maß, Muße, Wange, Jünger. — **sp, mp**: Spieß, Wespe, Pumpe, Wimpel. — **pf**: Pfad hüpfen.

Vermischte Aufgaben: 1. sehen. 2. sahen. 3. Hase. 4. Hast. 5. Meister. 6. Süden. 7. tosen. 8. Haus. 9. Häuser. 10. Maus. 11. Saum. 12. säumen. 13. Stufe. 14. Stiefel. 15. Faust. 16. heiser. 17. Kasten. 18. kosten. 19. Posten. 20. kam. 21. Keim. 22. Käfer. 23. Kiste. 24. Kiefer. 25. Puder. 26. wehe. 27. Weihe. 28. wem. 29. Weide. 30. vom. 31. Menge. 32. sengen. 33. singen. 34. Hang. 35. Dinge. 36. Finger. 37. spähen. 38. Spesen. 39. Spuk. 40. Vesper. 41. Wipfel. 42. Damen-moden. 43. Seifen-sieder. 44. fest-stehen. 45. Kuh-käse.

Schreibübung 2.

r, l (linksherum oder rechtsherum?): Rose, Raupe, Staar, Stier Laden, lösen, fehlen, fühlen.

b (Hauptzeichen oder Nebenzeichen?): Bier, böse, Fabel, Bube. — **g**: Gaul, Gipfel, Lager, Jäger. — **sch**: Schere, Schule, Muschel, tauschen. — **ch**: Chor, mich, dich, Küche. — **z**: Zahl, Zange, Weizen, duzen. — **x**: Xaver, Hexe, fix, Dachs. — **c**: Cider. — **n**: Name, Neid, von, Diener, Stein, Söhne.

t (dreistufig aufwärts): Saat, Staat, Staaten, todt, tödten, heiter, Meter, Hotel, Rute, bieten, Titel. — Ausnahme: Beute, Haut, läuten ꝛc.

schw, zw: schwer, schwül, schweifen, Schweden, Schwaben, Schwager, Schweiz, Schwan, Schwein, Zwang, zwingen, Zwist.

Vermischte Aufgaben: 1. Beere. 2. Rebe. 3. Raub. 4. Räuber. 5. leben. 6. Leber. 7. Staub. 8. bester. 9. Gast. 10. Gang. 11. gingen.

12. gießen. 13. sagen. 14. Gimpel. 15 Schaukel. 16. schießen. 17. rasch. 18. Fisch. 19. schief. 20. schöpfen. 21. lachen. 22. reichen. 23. rachen. 24. stechen. 25. Pech. 26. keuchen. 27. Joch. 28. Zopf. 29. Zipfel. 30. reizen. 31. Taxe. 32. sechs. 33. Wachs. 34. Nase. 35. Nest. 36. Nähe. 37. Ton. 38. tun. 39. wohnen. 40. Lohn. 41. Laune. 42. fein. 43. höhnen. 44. Hühner. 45. kühn. 46. Büchse. 47. Becher. 48. Bein. 49. Zahn. 50. zehn. 51. neben. 52. Nebel. 53. Nixe. 54. Kater. 55. Leiter. 56. Zeiten. 57. Schoten. 58. Schwester. 59. Schweiß. 60. Schwung. 61. Zweifel. 62. Rauchfang. 63. Kar-woche. 64. Taschen-tuch. 65. Hut-macher. 66. Gast-haus. 67. Seiten-hieb. 68. Spaten-stich. 69. teil-weise. 70. Rat-geber. 71. Jubel-fest 72. Kegel-bahn. 73 Wag-schale. 74 Tage-löhner. 75 Schwieger-sohn.

Schreibübung 3.

bt: hebe, hebt, gebe, gibt. — **gt**: liege, liegt, sagte, steigt. — **scht**: pfuscht, wäscht, mischt, löscht. — **cht**: Nacht, Richter, leicht, Wächter. — **zt**: reizt, beizt geizt, duzt. — **xt**: Text, hext, sechster, wächst. — **ct**: Sect, Tact. — **nd**: Hahn, Hand, Huhn, Hund, Spind, Pfand, Stunde, Bündel.

Doppelconsonanten: Schiff, Rock, Speck, Schwelle, Rolle, Himmel, schwimmen, nenne, Pfanne, Gönner, Suppe, Herr, wessen, Vetter, Gitter.

tz, tzt: setze, setzt, Satz, stütze, stützt, schwitzen, schwitzt. **tsch, tscht** Kutsche, rutsche, rutscht. **ss, st, sst**: fasse, faste, fasste, passe, Paste, passte, Wiese, wisse, wisst. **n, nd, nt**: Bohne, Bund, bunt, Mund, munter, Rand, Rente. **nk**: denken, schwenken, Schinken. **mpf**: Rumpf, Kampf, schimpfen.

Unterscheide ss und ß: Nuss, Fuß, Guss, Kuss, süß, Spaß, Pass, Gas, weiß, Biss, Spieß.

t (zweistufig aufwärts): Bart, Karte, Stadt, Städte, Kälte, gelten, Schulter, Punkt, Haupt, Sorte, samt, Gift, hofft, faßt (fasst).

qu: Quader, quitt, Quäker, Querelen.

Vermischte Aufgaben: 1. lebt. 2. lügt. 3. wagt. 4. raubt. 5. neigte. 6. nascht. 7. Dichter. 8. Hecht. 9. feucht. 10. Tochter. 11. Nichte. 12. Pächter. 13. Specht. 14. Sand. 15. Wunder. 16. Bahn. 17. Band. 18. Stand. 19. Sünde. 20. Schande. 21. Löffel. 22. Pfiff. 23. Mücke. 24. Stück. 25. schicken. 26. schickt. 27. nickt. 28. dick. 29. bellen. 30. bellt. 31. Zelle. 32. Nummer. 33. Jammer. 34. Schimmer. 35. Steppe. 36. Pfarrer. 37. Rüssel. 38. Gott. 39. Katze. 40. Spatz. 41. Nutzen. 42. nützt. 43. Schwätzer. 44. schwatzt. 45. letzter. 46. Schatz. 47. schätzt. 48. schützt. 49. Kind. 50. Kante. 51. Tante. 52. Schwank. 53. zanken. 54. Zänker. 55. Funken. 56. Henkel. 57. Sumpf. 58. nass. 59. Schoß. 60. schoss. 61. Moos. 62. selten. 63. Schaft. 64. schaffte. 65. Falten. 66. hart. 67. harrt. 68. Myrte. 69. warten. 70. Viertel. 71. Tassen-kopf. 72. Buch-binder. 73. Fackel-zug. 74. Meister-stück. 75. Wetter-fahne. 76. Ketten-hund. 77. Wal-nuss. 78. Leckerbissen. 79. Schul-mappe. 80. Gieß-kanne. 81. Sonnen-schein. 82. Windbeutel. 83. Butter-fass. 84. Deutsch-land. 85. Narren-kappe. 86. Finder-lohn. 87. Runkel-rüben-zucker. 88. Karten-spiel. 89. Wörter-buch. 90. Wert-sachen. 91. Lust-garten. 92. Bank-note. 93. Selter-wasser. 94. Waffen-still-stand.

95. Dampf-schiff-fahrt. 96. Gast-wirt. 97. spitzer, stumpfer, rechter Winkel. 98. Haupt-sache. 99. Feder-halter. 100. Mandel-torte.

Schreibübung 4.

r und l nach gebogenen Linien: 1. bringen. 2. brachte. 3. breit 4. fiebre. 5. Preußen. 6. prunken. 7. früher. 8. tiefre. 9. Sprache. 10. Blut. 11. juble. 12. Flamme. 13. zweifle. 14. Pflicht. 15. schreiben. 16. Schritt. 17. Schranke. 18. Chrom. 19. Schluss. 20. schlecht.

r und l nach geraden Linien: 21. drüben. 22. draußen. 23. zaudre. 24. tragen. 25. trägt. 26. hindre. 27. groß. 28. Kraft. 29. lockre. 30. Strase. 31. düstre. 32. Sattler. 33. Händler. 34. Glück. 35. Glut. 36. gleiten. 37. klug. 38. Gaukler. 39. Klingel. 40. Club.

r und l vor gebogenen Linien: 41. morgen. 42. Zwerg. 43. merken. 44. Zirkel. 45. Storch. 46. Furche. 47. Furcht. 48. Quirl. 49. Lärm. 50. Sturm. 51. lerne. 52. Stirn. 53. Birne. 54. folgen. 55. folgt. 56. Volk. 57. Schalk. 58. Milch. 59. Halm. 60. Zöllner.

r und l vor geraden Linien: 61. Farbe. 62. färbt. 63. Mord. 64. Würde. 65. Larve. 66. scharf. 67. Mörser. 68. Bürste. 69. stürze. 70. stürzt. 71. Kerze. 72. Kirsche. 73. halb. 74. Bild. 75. helfe. 76. Puls. 77. Polster. 78. Stolz. 79. falsch. 80. fälscht.

Andere Verbindungen: 81. Schmuck. 82. schmelzen. 83. Schneider. 84. Schnecke. 85. Gnesen. 86. segnen. 87. Knecht. 88. Knix. 89. seidner. 90. Gärtner. — 91. Bremse. 92. Pinsel. 93. Kunst. 94. Künstler. 95. Senf. 96. sanft. 97. Lanze. 98. tanzen. 99. tanzt. 100. tünchen. 101. Punsch. 102. Pfingsten. — 103. nebst. 104. Jagd. 105. Kutschke. 106. Gips. 107. Maske. 108. Muskel. 109. Skizze (zz = tz). 110. Skalp.

Vermischte Aufgaben: 1. Brot. 2. Bruch. 3. Brand. 4. Probe. 5. Fritz. 6. Frack. 7. frisch. 8. Blatt. 9. Blitz. 10. Plage. 11. Flut. 12. Fluss. 13. Fleiß. 14. schroff. 15. Schlächter. 16. schlank. 17. dritte. 18. Tran. 19. Träne. 20. trotz. 21. bittre. 22. Trumpf. 23. grün. 24. Graf. 25. Gramm. 26. krumm. 27. Strumpf. 28. Klippe. 29. Türke. 30. Lerche. 31. Kerl. 32. Dornen. 33. Galgen. 34. Falke. 35. derb. 36. Narbe. 37. zirpen. 38. Schürze. 39. Marsch. 40. Salbe. 41. gelb. 42. Tulpe. 43. Held. 44. Schilf. 45. Walze. 46. Pfalz. 47. Schulze. 48. schmecken. 49. Schnörkel. 50. Schnitzer. 51. Knopf. 52. Knabe. 53. fremd. 54. Linsen. 55. Dunst. 56. Genf. 57. Glanz. 58. glänzt. 59. Lenz. 60. Papst. 61. Hand-geld. 62. Gänse-schmalz. 63. Brause-pulver. 64. Markt-platz. 65. harm-los. 66. Gersten-korn. 67. Haus-freund. 68. Koch-salz. 69. Krimm-krieg. 70. Blut-wurst. 71. Schwaben-streich. 72. Streit-frage. 73. Dresch-flegel. 74. Glocken-gießer. 75. Strick-nadel. 76. Rosen-kranz. 77. Blumen-strauß. 78. Schlag-baum. 79. spiegel-glatt. 80. Schmor-braten. 81. Schild-wache. 82. Kupfer-drat. 83. Sprich-wort. 84. Straßen-pflaster. 85. Laub-frosch. 86. Curs-buch. 87. Doppel-fenster. 88. Bienen-schwarm. 89. Zug-brücke. 90. Brief-träger. 91. Schlüssel-loch. 92. Schnupf-tuch. 93. Holz-schnitt. 94. Kalk-brenner. 95. Falsch-münzer. 96. Saure-gurken-zeit. 97. Pflanzen-wuchs. 98. Darm-stadt. 99. Brillen-schlange. 100. Blind-schleiche.

Schreibübung 5.

Anlautende Vocale. Durch den Anstrich: 1. essen. 2. Ecke. 3. eng. 4. Enkel. 5. Ende. 6. Ente. 7. erst. 8. Erde. 9. Erbe. 10. Erz. 11. eben. 12. ex. 13. Erle. 14. Eiche. 15. Eifer. 16. Eis. 17. Eid. 18. ein. 19. Osten. 20. Onkel. 21. offen. 22. Orden. 23. ordnen. 24. Opfer. 25. Örter. 26. ihr. 27. irden. 28. impfen. — Buchstäblich: 29. Acker. 30. Affe. 31. Angel. 32. Anker. 33. Asche. 34. Ader. 35. Adel. 36. Abt. 37. ahnen. 38. Ast. 39. Adler. 40. arm. 41. Amsel. 42. aß. 43. Ass. 44. Äcker. 45. Ärzte. 46. Äste. 47. älter. 48. Ämter. 49. ärmer. 50. ächzen. 51. Ufer. 52. Ulk. 53. üben. 54. Auge.

Auslautende Vocale (buchstäblich): 55. Fee. 56. Klee. 57. Po. 58. pro. 59. Joel. 60. Nu. 61. drei. 62. Brei. 63. Frau. 64. Klaue. 65. Gau. 66. baue. 67. schlau. 68. schauen. 69. scheuen. 70. traue. 71. treue. 72. streue.

auer = aur 2c: 73. Bauer. 74. Brauer. 75. grauer. 76. Lauer. 77. Schauer. 78. blauer. 79. treuer. 80. dreier. 81. Schleier. 82. teure. 83. teuere. 84. laure. 85. lauere. 86. lauernd.

Merke: 87. Mai. 88. Laie. 89. Hai. 90. Bai. 91. da. 92. ja. 93. die. 94. wie. 95. zwie. 96. je. 97. du. 98. wo. 99. o! 100. eure.

Vermischte Aufgaben: 1. Aug-apfel. 2. Erd-beben. 3. Affen-pinscher. 4. Eigen-sinn. 5. Tee-löffel. 6. Fest-essen. 7. Baum-ast. 8. Bau-mast. 9. Sauer-ampfer. 10. Erz-böse-wicht. 11. Eier-kuchen. 12. Anker-uhr. 13. Blut-egel. 14. Bau-meister. 15. Angst-schrei. 16. Schnee-ball. 17. Hai-fisch. 18. Mai-käfer. 19. Binnen-see. 20. See-fahrt. 21. Übel-stand. 22. Steuer-ruder. 23. Brant-wein-steuer. 24 Eil-gut. 25. Trauer-kleid. 26. vogel-frei. 27. Schau-spiel-haus. 28. Eber-hard. 29. Öster-reich. 30. quer-feld-ein. 31. Eis-meer. 32. Ein Ecken-steher. 33. Die Öl-farbe. 34. Eine Todten-feier. 35. Die Bild-hauer-kunst. 36. Die Arm-brust. 37. Eine Ochsen-schwanz-suppe. 38. Ein Eisen-bahn-fahr-plan. 39. Die Mauer-steine. 40. Ein Vogel-bauer. 41. Die Ehren-jung-frau. 42. Eine schwarz-walder Uhr. 43. Die Uhr-macher-kunst. 44. Ein roter Adler-orden erster Klasse. 45. Die Turm-uhr schlug eben die elfte Stunde. 46. Trau, schau wem! 47. Tu immer recht. 48. Die Stürme sausen, die Wogen brausen. 49. Fest stehen immer, still stehen nimmer. 50. Alte Schäden bluten leicht.

Schreibübung 6.

Das Flexions-s: 1. Tags. 2. Bauers. 3. Kaisers Bart. 4. Vogels. 5. Himmels. 6. Schwagers. 7. Zweifels. 8. Staats. 9. Schwerts. 10. Baus. 11. Schwans. 12. Rumpfs. 13. Tees. 14. teils. 15. eins. 16. stets. 17. tu's. 18. hilft's. 19. schlechter-dings. 20. eben-falls. 21. oft-mals. 22. je-mals. 23. halb-wegs. 24. schnur-stracks. 25. Kalbs-nieren-braten. 26. Stabs-arzt. 27. Rechts-frage. 28. Schieds-richter. 29. Hunds-tage. 30. Donners-tag.

Die Flexionslaute st und t: 31. ich schwöre, du schwörst, ihr schwört. 32. ich quäle, du quälst, ihr quält. 33. ich gräme mich, du grämst dich. 34. ich gähne, du gähnst, ihr gähnt. 35. ich drehe mich, du drehst dich, ihr dreht. 36. ich greife, du greifst, ihr greift. 37. ich bringe, du bringst, ihr bringt. 38. ich schlüpfe, du schlüpfst, ihr schlüpft. 39. ich treffe, du triffst, ihr trefft. 40. ich drücke, du drückst, ihr drückt. 41. grolle, grollst, grollt. 42. brumme, brummst, brummt. 43. trenne, trennst, trennt. 44. schleppe, schleppst, schleppt. 45. irre, irrst, irrt. 46. trinke, trinkst, trinkt. 47. kämpfe, kämpfst, kämpft. 48. strebe, strebst, strebt (bt!). 49. trage, trägst, trägt. 50. breche, brichst, bricht. 51. werfe, wirfst, wirft. 52. schwärme, schwärmst, schwärmt. 53. warne, warnst, warnt. 54. wirke, wirkst, wirkt. 55. helfe, hilfst, hilft. 56. borge, borgst, borgt. 57. sterbe, stirbst, stirbt. 58. schnarche, schnarchst, schnarcht. 59. baue, baust, baut. 60. handle, handelst, handelt. 61. hindere, hinderst, hindert. 62. daure, dauerst, dauert. — 63. die schöne, die schönere, die schönste. 64. die junge, die jüngere, die jüngste. 65. weich, weicher, weichste. 66. zäh, zäher, zähste. 67. derb, derber, derbste. 68. braver, bravste. 69. tapfer, tapferste. 70. bitter, bitterste.

Schreib auf doppelte Art: 71. traust, traut. 72. baust, baut. 73. freust, freut. 74. neuste.

Unterscheide: 75. Dach's, ein Dachs. 76. Fehl's, Fels. 77. du dienst, ein Dienst. 78. die kühnste, die Künste. 79. die herbsten Früchte, die Herbstfrüchte. 80. ihr sucht, die Sucht. 81. ihr kos't, die Kost. 82. du hau'st, ihr haus't. 83. ihr hau't, die Haut. 84. du brau'st Bier, ein Sturm braus't.

Vermischte Aufgaben: 1. Hungers-not. 2. Schalks-knecht. 3. Staats-haus-halt. 4. Peters-burg. 5. Schiffs-werft. 6. Lands-leute. 7. Reichs-tag. 8. Bocks-horn. 9. Guts-herr. 10. Esels-brücke. 11. Rats-keller. 12. Amts-tracht. 13. Bluts-tropfen. 14. ost-wärts. 15. Glücks-kind. 16. Rinds-leder. 17. Karls-bad. 18. Wallen-steins Lager. 19. Handels-platz. 20. Volks-gunst. 21. Neu-jahrs-wunsch. 22. Himmel-fahrts-tag. 23. Weih-nachts-fest. 24. Kriegs-denk-münze. 25. Müde Leute schlafen fest. 26. Not lehrt beten. 27. Kleider machen Leute. 28. Saure Wochen, frohe Feste. 29. Die Bäume geben Schatten. 30. Still Wasser, tief Bett. 31. Ein rauher Weg macht müde Füße. 32. Naschen macht leere Taschen. 33. Beichte macht leichte. 34. Leicht Geld, leichte Ware. 35. Leerer Beutel, leere Hand. 36. Halte reinen Mund! 37. Kinder lieben bunte Farben. 38. Furcht macht Beine. 39. Borgen macht Sorgen. 40. Bar Geld lacht. 41. Gold macht hold. 42. Höre weiser Leute Rat. 43. Fasse Mut, Freund. 44. Ketten-hunde heulen nachts laut. 45. Eigen-lob stinkt. 46. Gib, wo du Arme siehst. 47. Du lebst heiter, stirbst sanft, wenn du immer recht handelst. 48. Ja, wo du strahlst, holde Sonne, da wehen laue Lüfte, da lachen grüne Auen. 49. Wie Perlen blinkst du, Morgen-tau. 50. Bieten macht Kauf-leute. 51. Rede immer offen. 52. Leben heißt kämpfen. 53. Heute schwelgt ihr, morgen darbt ihr. 54. Treuen Dienst lohnt Gott. 55. Neue Besen kehren gut. 56. Je größer die Not, je näher Gott. 57. Ehre fordert Schweiß. 58. Scham hindert Schande. 59. Reiner Sinn ziert Frauen. 60. Wo du heitre Lieder hörst, da triffst du brave Leute. 61. Alte Kirchen, dunkle Gläser. 62. Kleine Vögel, kleine Nester. 63. Schein trügt. 64. Kommt Zeit, kommt Rat. 65. Trunkner Mund, wahrer Mund. 66. Würde bringt Bürde. 67. Große

Taten bringen Ruhm. 68. Die Lüge nützt nimmer. 69. Zwei harte Steine mahlen schlecht. 70. Balken krachen, Pfosten stürzen, Fenster klirren, Kinder jammern, Mütter irren, Tiere wimmern.

Schreibübung 7.

r: 1. Husar. 2. Bazar. 3. primär. 4. Doctor. 5. Pastor. 6. Frisur. 7. Broschüre. 8. Papier. 9. Vampyr. 10. Carriere. — l: 11. egal. 12. Skandal. 13. General. 14. neutral. 15. Symbol. 16. April. 17. mobil. 18. civil. 19. genial. 20. trivial. — m: 21. Madame. 22. Examen. 23. Eidam. 24. Leichnam. 25. Factum. 26. Monstrum. 27. Album. 28. Volumen. 29. Parfüm. 30. intim. — n: 31. profan. 32. Roman. 33. Primaner. 34. Sedan. 35. Fontäne. 36. Holstein. 37. Blümlein. 38. Anton. 39. Person. 40. Spion. 41. Commune. 42. Rankune. 43. Marine. 44. Kamin. 45. Ruin. 46. Ferien. 47. Indien. 48. Christian. 49. Schlendrian. 50. Baldrian. — ng: 51. Leistung. 52. Quittung. 53. Zeitung. 54. Dämmerung. 55. Archangel. 56. Hering. 57. blindlings. 58. Sperling. — nd: 59. Tugend. 60. niemand, jemand. 61. Secunde. 62. Cylinder. — b: 63. miserabel. 64. plausibel. 65. Jakob. 66. Cherub. — g: 67. Prediger. 68. Predigt. 69. traurig. 70. Herzog. — sch: 71. höhnisch. 72. logisch. 73. mystisch. 74. Depesche. — ch: 75. Teppich. 76. Schwabach. 77. Albrecht. 78. Epoche. — z: 79. Justiz. 80. Trapez. 81. Capuze. — c: 82. Malice. 83. District. 84. Logik. 85. Medoc. 86. Product. 87. Cognac. 88. direct. 89. correct. 90. Project. — x: 91. Eidechse. 92. Syntax. 93. Felix. 94. perplex. — d: 95. Parade. 96. Konrad. 97. Alfred. 98. David. 99. Synode. 100. Commode. — f: 101. Tarif. 102. Christof. — st: 103. redest. 104. Sylvester. 105. Ballast. 106. August. 107. Epistel. 108. Register. — p: 109. Prinzip. 110. Neapel. 111. Sirup. 112. Polyp.

t (abwärts): 113. privat. 114. parat. 115. Ducaten. 116. Monat. 117. Compot. 118. Granit. 119. Decret. 120. Minute. 121. Recrut. 122. Demut. — 123. Rotunde. 124. Notiz. 125. Martin. — (aufwärts): 126. nehmet. 127. stellet.

s (Hilfszeichen): 128. Jesus Christus. 129. Rebus. 130. Epos. 131. Matrose. 132. nervös. 133. Basis. 134. Krisis. 135. Luise. 136. Atlas.

Mehrfache Consonantenzeichen: 137. wandernd. 138. Differenz. 139. Provinz. 140. Audienz. 141. Toleranz. 142. Ungarn. 143. Standarte. 144. Smaragd. 145. Monarch. 146. Champagner. 147. Alarm. 148. Allianz. 149. Tumult. 150. Erfurt.

Vermischte Aufgaben: 1. afrikanisch. 2. Almanach. 3. akademisch. 4. Alexander. 5. Arabien. 6. Amazone. 7. Alabaster. 8. Alfabet. 9. accurat. 10. Arsenal. 11. Abraham. 12. Brasilien. 13. Benjamin. 14. Bukarest. 15. Baldachin. 16. babylonisch. 17. Basilisk. 18. Cardinal. 19. Cruzifix. 20. Chassepot. 21. Commerzien-rat. 22. Componist. 23. Criminal. 24. Corridor. 25. Creatur. 26. Disziplin. 27. Decimal-rechnung. 28. dramatisch. 29. Director. 30. Dromedar. 31. Demagoge. 32. diabolisch. 33. Diakonus. 34. evangelisch. 35. Exemplar. 36. Escadron. 37. etymologisch. 38. formuliren. 39. Garnison. 40. Geologe. 41. Gladiator. 42. Glyzerin. 43. Grenadier. 44. historisch. 45. humoristisch. 46. Halbirung. 47. Hannibal. 84. Huldigung. 49. Hospital. 50. Honorar. 51. Hexameter. 52. ironisch. 53. interimistisch. 54. illustriren. 55. Insulaner. 56. Joachim. 57. Karoline. 58. Kanarien-vogel. 59. Krokodil. 60. Kandelaber. 61. Kalabreser. 62. Kaukasus. 63. Kräftigung. 64. Katechismus. 65. Karabiner. 66. Kannibale. 67. Karawane. 68. Lissabon. 69. Lexikon. 70. Limonade. 71. Libanon. 72. mechanisch. 73. Medizin. 74. Magazin. 75. Manufactur. 76. Maximum. 77. Minimum. 78. Maculatur. 79. Muhamedaner. 80. Marzipan. 81. Meridian. 82. Mobiliar. 83. Moabit. 84. Madagaskar. 85. Masculinum. 86. Musketier. 87. Macedonien. 88. Mikroskop. 89. Original. 90. Octavian. 91. occupiren. 92. opponiren. 93. organisiren. 94. Organismus. 95. Personal. 96. provisorisch. 97. populär. 98. Poseidon. 99. problematisch. 100. Publicum. 101. Polygon. 102. Prinzipal. 103. pädagogisch. 104. Perspective. 105. reguliren. 106. radical. 107. Rumänien. 108. Regirung. 109. Rosamunde. 110. Rhinozeros. 111. raffinirt. 112. Secundaner. 113. Sardanapal. 114. Säculum. 115. Sebastian. 116. Seminar. 117. speculiren. 118. Sizilien. 119. Sardinien. 120. Stearin. 121. Salamander. 122. Secretär. 123. suspendiren. 124. Sibirien. 125. Siamese. 126. Sonnabend. 127. Schädigung. 128. sarkastisch. 129. summarisch. 130. Sebastopol. 131. simuliren. 132. stipuliren. 133. Singular. 134. solidarisch. 135. spezifiziren. 136. synonym. 137. syntaktisch. 138. trojanisch. 139. Tribunal. 140. Talisman. 141. Utensilien. 142. Vademecum. 143. Vestibül. 144. Vagabund. 145. Venedig. 146. Velozipad. 147. Vespasian. 148. Vegetabilien. 149. Wilhelmine. 150. zoologisch.

Schreibübung 8.

1. Kapaun. 2. banausisch. 3. Manteuffel.

4. Capelle. 5. Forelle. 6. Sardelle. 7. Tabelle. 8. Adresse. 9. Finesse. 10. Bankett. 11. Korallen. 12. Marschall. 13. Kravatte. 14. Paraffin. 15. Manasse. 16. Baracke. 17. Matratze. 18. Karosse. 19. Gravelotte. 20. Rostock. 21. Schmarotzer. 22. lucullisch. 23. Olmütz. — 24. Tolpatsch. 25. garantiren. 26. Patent. 27. Terpentin. 28. Volontär. — **nt** aufgelöst: 29. Agent. 30. Referent. 31. frequent. 32. Compliment. 33. Elefant. 34. Rendant. 35. pedantisch. 36. Diamant. — **t** aufwärts: 37. bietest, tatest, tödtest, wähltest. 38. bietet, tatet, tödtet, wähltet. — Unterscheide: 39. fidél. 40. Fiedel.

41. Anna. 42. Firma. 43. Panorama. 44. Idee. 45. Canapee. 46. Abtei. 47. Kanzlei. 48. Wallachei. 49. Kuno. 50. franko. 51. Porto. 52. Rio de Janeiro. 53. Bern. 54. Juli. 55. Marie. 56. Prämie. 57. Poesie. 58. Mahagoni. 59. Kastanie. 60. Donau. 61. Moskau. 62. Gneisenau. 63. Isaak. 64. Maccabäer. 65. Lineal. 66. Oleander. 67. Chamäleon. 68. Laokoon. 69. Individuum. 70. Februar. 71. Periode. 72. Action. 73. Portion. 74. Revision. 75. Diarium. — 76. Allotria. 77. Bolivia. 78. Zeter-mordio.

Phonetische Schreibung: 81. Niveau. 82. Tableau. 83. Chaussee. 84 Revue. 85. Courier. 86. Couvert. 87. Courant. 88. Necessaire. 89. Boussole. 90. Salair. 91. Friseur. 92. Bravour. 93. Tambour. 94. Palais. 95. Portrait. 96. Polonaise. 97. Paletot. 98. Repertoir. 99. Comptoir. 100. Portier. 101. Adieu. 102. Lieutenant. 103. Malheur. 104. Atelier. 105. Intrigue. 106. Peripherie. 107. Paragraph. 108. phantastisch. 109. Phantom. 110. Phosphor. 111. Geographie. 112. Biographie. 113. Telegraph. 114. Katastrophe. 115. apokryph. 116. Atmosphäre. 117. Enthusiasmus. 118. Isthmus. 119. Marquise. 120. Bouquet. — (t=z) 121. Ovation. 122. Revolution. 123. Rotation. 124. Repetition. 125. Civilisation.

Französisches j: 126. Passagier. 127. Blamage. 128. Journal. 129. Persifflage. — l mouillé: 130. Porte-feuille. 131. Taille. 132. Cotillon. 133. Mitrailleuse.

ph: 134. Physik. 135. Phrygien. 136. Philadelphia. — th: 137. Katharina. 138. Nathan. 139. Lutheraner. 140. katholisch. 141. Methode. 142. Katheder. 143. Sympathie. 144. Theorie. 145. Hypothek. 146. Theologie. 147. Lithographie. 148. Mathematik. — y: 149. Fanny. 150 Yard.

Vermischte Aufgaben: 1. Cäsar, Barbar, Major, Humor, Marmor. 2. Arthur, Purpur, Gouverneur, Klavier, spaziren. 3. bizarr, Guitarre, Parterre, Cap Finisterre, Robespierre. 4. formal, formell, oval, Choral, Mineral. 5. Novelle, Mamsell, Parzelle, Gazelle, Moral. 6. Dardanellen, Basall, Krawall, Cavallerie, Nachtigall. 7. Alkohol, Controle, Pistole, Kasserolle, Apollo. 8. Mantille, Pupille, Achill, Mandrill, Destillation. 9. Islam, Album, Quantum, Diplomat, Arnim. 10. Balsam, Dilemma, Maremmen, Programm, renommiren. 11. Fasan, Japan, Urban, Caplan, Hyäne. 12. Quintaner, Chicane, Ulan, Ardennen, Sevennen. 13. Dragoner, Simson, Lyon, Schwadron, Balkon. 14. Johanniter, Havanna, Susanne, Colonne, Madonna. 15. Alwin, Maschine, Termin, Belgien, Hadrian. 16. Julian, Thymian, Marianne, Hosianna, Brittannien. 17. Thüringen, Hering, Sperling, Lessing, Zwilling. 18. Weigerung, Wirkung, Karfunkel, Hallunke, Spelunke. 19. Roland, Holland, Leumund, Hollunder, Veranda. 20. latent, Potentaten, argumentiren, Posamentier, Pointe. 21. Regiment, Ornament, Parlament, Document, Testament. 22. atlantisch, Protestant, eclatant, Intendant, Lieferant. 23. Cursus, Cyclus, Cerberus, Kandis, famos. 24. Compresse, Odessa, Accuratesse, Terrasse, Parnaß. 25. Horaz, Ignaz, Suezcanal, Baduz, Hospiz. 26. Görlitz, Haubitze, Kibitz, Stieglitz, Scharmützel 27. Pirat, Heirat, Spinat, Format, Senat. 28. Barett, Skelett, Toilette, Debatte, Fagott. 29. Kladderadatsch, Kosack, Schlaraffen-land, Nureddin, Correggio. 30. Gambetta, Benedetti, Niagara, Aurora, Amanda. 31. Garibaldi, Iphigenie, Rosalie, Compagnie, Maccaroni. 32. Domino, Figaro, Eskimo, Commando, Torpedo. 33. Alinea, Aloe, Kakao, Etui, Sinai. 34. Comparation, Amputation, Classification, Coalition, Variation. 35. Deputation, Definition, Decoration, Requisition, Qualification. 36. Ministerium, Privilegium, Collegium, Aquarium, Elysium. 37. Coriolan, pecuniär, Honoratioren, Vitriol, Kalliope. 38. Stanniol, Kapriolen, Julius, Pretiosen, curios. 39. Ideal, Meteor, Nereïde, Virtuose, sanguinisch. 40. Kanaan, Ephraim, Bartholomäus, Immanuel, Ischariot.

Schreibübung 9.

e, en, em, es: eine, einen, einem, eines; stille, stillen, stillem, stilles; eiserne, eisernen, eisernem, eisernes; harte, harten, hartem, hartes; schwierige, schwierigen, schwierigem, schwieriges. — **chen:** Stübchen, Kindchen, Gläschen, Märchen, Brötchen, Schriftchen, Mütterchen, Väterchen, Brüderchen, Vögelchen, Kaninchen, Radieschen. — **sel:** Rätsel, Häcksel, Stöpsel, Mengsel.

Merke: Kaffee, Mäcen, Theorem, Problem; erstens, zweitens, drittens, viertens, fünftens, sechstens, siebentens, achtens, neuntens, zehntens; golden, goldene, goldenen, goldne, goldnen, Stirne, Sirene. — schauen, scheuen, Gauen, hauen, kauen, schlauem, blaues.

bar: achtbar, brennbar, brauchbar, denkbar, fühlbar, schiffbar, hörbar, wählbar, messbar, reizbar, zahlbar, tragbare (Trag-bahre). — **falt:** Einfalt, Sorgfalt, einfältig, sorgfältig. — **haft:** glaubhaft, meisterhaft, sündhaft, flegelhaft, märchenhaft, rätselhaft, zweifelhaft, wahrhaft, boshaft, naschhaft, schmeichelhaft, riesenhaft (Schuld-haft). — **schaft:** Knechtschaft, Freundschaft, Feindschaft, Landschaft, Grafschaft, Dienerschaft, Meisterschaft, Brüderschaft, Ortschaft, Sippschaft, Bürgerschaft, Kundschafter (Flinten-schaft). — **sal:** Drangsal, Irrsal, Schicksal, Trübsal (Tanz-saal). — **selig:** saumselig, glückselig, holdselig, leutselig, redselig (weinselig). — **sam:** schweigsam, sparsam, folgsam, wachsam, sittsam, ehrsam, strebsam, sorgsam, mühsam, regsam, schmiegsam, kleidsam (Rüb-samen).

lich: ängstlich, erblich, königlich, künstlich, östlich, südlich, westlich, nördlich, bläulich, rötlich, öffentlich, wöchentlich, tunlichst, neulich, nämlich, namentlich, pünktlich, säuerlich, ältlich, wörtlich, ordentlich, ewiglich, heimatlich, ärgerlich. — **nis:** Hemmnis, Fäulnis, Hindernisse. — **tum:** Christentum, Deutschtum, Fürstentümer, Heidentum, Herzogtum, Königtum, Altertum, Heiligtum, Papsttum. — **heit, keit:** Bosheit, Dummheit, Schönheit, Rohheit, Grobheiten, Einzelheiten, Seltenheit, Trunkenheit, Trockenheit, Neuheit; Fruchtbarkeit, Lustigkeit, Traurigkeit, Fröhlichkeit, Ewigkeit, Mäßigkeit, Standhaftigkeit, Brauchbarkeit, Einsamkeit, Grausamkeit. — **tät:** Calamität, Humanität, Capazität, Novität, Curiosität, Priorität, Sanitäts-rat, Schwulitäten, Originalität, Sentimentalität, Elektrizität, gravitätisch.

Vermischte Aufgaben: 1. Fliehenden Feinden baue goldene Brücken. 2. Blinder Eifer schadet. 3. Freundes Lob hinkt, Feindes Lob klingt. 4. Deutsches Land, deutsche Hand. 5. Kurze Rede, schnelles Ohr. 6. Wissenschaft gibt Macht. 7. Trübsal bessert oft die Lasterhaften. 8. Leutseliges Wesen wirbt Freunde. 9. Krankhafte Kinder fordern sorgsame Hut. 10. Furchtsame zittern leicht. 11. Frömmigkeit macht Freudigkeit. 12. Wo die Reue fehlt, fehlt die Besserung. 13. Irrtümer schaden oft. 14. Armut drückt. 15. Faulheit lehrt Laster. 16. Eitelkeit macht lächerlich. 17. Liebe Offenheit, hasse Falschheit. 18. Nesseln brennen Freund wie Feind. 19. Stehendes Wasser stinkt. 20. Kundschaft macht Freundschaft. 21. Je näher die Freundschaft, je bitterer die Feindschaft. 22. Fette Küche, magere Erbschaft. 23. Die Leidenschaft schafft Leiden. 24. Einigkeit macht stark. 25. Ländlich, sittlich. 26. Ein weichlicher Arzt macht faule Wunden. 27. Freude lebt, wo Redlichkeit waltet. 28. Ruhe träumt, Ordnung räumt. 29. Ordnung hilft haus-halten. 30. Richtige Rechnung schafft dauerhafte Kundschaft. 31. Reichtum lacht, Armut weint. 32. Armut lehrt geigen. 33. Kühnheit wagt, Feigheit zagt. 34. Munterkeit ziert Knaben. 35. Arbeit schafft Reichtum. 36. Die Lust macht die Arbeit leicht. 37. Die Wahrheit siegt stets. 38. Liebet eure Feinde. 39. Einen fröhlichen Geber liebt Gott. 40. Hütet eure Zungen. 41. Lieblicher Frühling, du nahst. 42. Wie herrlich leuchtet mir die Natur, wie glänzt die Sonne, wie lacht die Flur.

Schreibübung 10.

be: Begräbnis, Begleitung, Behauptung, behutsam, Besänftigung, Bescheidenheit, befriedigend, Besorgnis, Bearbeitung, Belagerung, Beleuchtung, Beredsamkeit, bereits, beendigen, Beerdigung. — **ge:** Gedächtnis, geschichtlich, Getreide, Gemüse, gewissenhaft, geachtet, gebotene, gebotne, genau, Geläufigkeit, Gelächter, Geräusch, Gerüst, geehrt, geoffenbart. — **ver:** Verbrecher, Versammlung, Verwalter, Verpflichtung, verteidigen, verbessern, verdrießlich, Verzweiflung, vertrocknen, Verkehrtheit, Verleumdung, Verlust, verrucht, Verrenkung, veröden. — **er:** Erfindung, erkenntlich, erheblich, ersprießlich, erquicken, erstaunen, ergetzlich, ertappen, erwarten, Erregtheit, Erlösung, erläutern, Errungenschaft, Erörterung, Eroberung. — **ent:** Entwicklung, entzücken, entwaffnen, entsagen, entziffern, entschuldbar, Entstellung, Entschädigung, Enthaltsamkeit, Entschlossenheit, Entlastung, Entledigung, entlarven, entrinnen, enteilen. — **ant:** Antwort, Antlitz. — **emp:** Empfang, empfehlens-wert, empfindlich. — **un:** untadelhaft, untrennbar, Unfehlbarkeit, unheimlich, unwirksam, unparteiisch, unzweck-mäßig, unschätzbar, unlieb, unleugbar, unreif, unredlich, unendlich, unecht, uneigen-nützig. — **mis:** misachten, Misdeutung, Misglück, misgönnen, Misgunst, Mishelligkeit, Misklang, Miscredit, Misstimmung, Mistrauen, Miswachs, mislingen. — **zer:** zersetzt, zergliedern, zerplatzen, zersplittern, zertrümmern, zertreten, zerkratzen, Zerfahrenheit, zerbrechlich, zerlumpt, zerrissen, zerrüttet. — **ur:** Urwald, urweltlich, ursprünglich, urplötzlich, Urbild, Urgroß-mutter, Urlaub, Urenkel. — **con:** concav, convex, Concept-papier, Concurs, Conducteur, Confirmanden, confisciren, Conföderation, Confusion, Conglomerat, Congress, Conjectural-politik, Conjunctiv, Consistorial-rat, Consorten, Constabler, constant, construiren, Consum, Continent, Contribution, conveniren, Convenienz, Conversations-lexikon. — **sub:** subjectiv, Subhastation, Subdirector, Subscription, Substantiv, Substitution, Substrat, subsumiren, Subtraction, Subvention.

Beantwortung, beurteilen, beurkunden, Misgestalt, Misgeschick, misgestimmt, unbedachtsam, unbemerkt, Unbesonnenheit, unbeantwortet, unerfahren, unerforschlich, unerklärlich, unerschwinglich, Ungehorsam, ungesäumt, ungeschliffen, ungeduldig, unvergänglich, unverschämt, unversehens, unvermeidlich, unzerstörbar, unzertrennlich, verantworten, verurteilen, veruntreuen, verunglimpfen, verunreinigen, unentbehrlich.

Vermischte Aufgaben: 1. Verzeihe bereute Fehler. 2. Jung gewohnt, alt getan. 3. Faule verdienen Tadel. 4. Bezahle Schulden pünktlich. 5. Milde Worte finden leicht Gehör. 6. Narren-hände verderben Stühle, Tische, Wände. 7. Gemsen erklimmen steile Berge. 8. Wagen gewinnt, Wagen verliert. 9. Wo

Freude wie Leid. 11. Frisch gewagt, halb gewonnen. 12. Edles Streben verdient Lob. 13. Sauer verdient, süß verzehrt. 14. Mäßigung versöhnt oft bittere Feinde. 15. Höflichkeit macht beliebt. 16. Lachende Erben lieben stille Begräbnisse. 17. Die Erfahrung macht klug. 18. Geselligkeit schafft Erheiterung. 19. Bescheidenheit empfiehlt junge Leute. 20. Unverhofft kommt oft. 21. Untreue schlägt ihren eigenen Herrn. 22. Unbedachtsame Rede schadet oft. 23. Unwissende antworten oft Unsinn. 24. Zerstreuung scheucht Mismut. 25. Gebrauchter Pflug blinkt. 26. Vertrauen erweckt Vertrauen. 27. Mutigen Rossen gehört ein starker Zaum. 28. Behalte immer ruhiges Blut. 29. Freudiger Sinn fördert körperliches Gedeihen. 30. Beharrlichkeit siegt. 31. Die Not macht erfinderisch. 32. Reichtum vergeht, Wissen besteht. 33. Gelegenheit macht Diebe. 34. Schneller Entschluss macht oft Verdruss. 35. Je härter die Rede, je schärfer die Antwort. 36. Wissenschaftliche Bücher verdienen Empfehlung. 37. Unverstand sprengt Freundes-band. 38. Unklare Köpfe entwerfen verworrene Pläne. 39. Leicht-sinnige begehen oft unverantwortliche Handlungen. 40. Erwäge reiflich, ehe du antwortest. 41. Wonne verhießest du Lenz vergebens; Stürme erbrausen, regnender Wolken Schar sendet erkühlendes Nass. 42. Maß besteht, Unmaß vergeht. 43. Verwickelte Geschäfte erfordern besonnenes, entschiedenes Handeln. 44. Narren wachsen unbegossen. 45. Vergiss erlittenes Unrecht. 46. Kränklichkeit erzeugt Empfindlichkeit. 47. Bewährte Freunde kränkt Mistrauen. 48. Mismut macht oft ungerecht. 49. Unerhebliche Begebenheiten verursachen häufig wichtige Ereignisse. 50. Licht verursacht Schatten, wie Feuer Rauch.

Schreibübung 11.

1. die, dein, dort; da, du. 2. dies, das, uns; dieser, unser. 3. sie, des, so. 4. ihn, den, ohn; ihnen, denen, ohne; ihm, dem. 5. mit, mein, kaum; man, um. 6. sich, sehr, aus. 7. nieder, ander, sonder, unter; niedre, andre, sondre, untre; niedern, andern, sondern, untern. 8. wie, wer, wo; wir, was, warum. 9. all, voll; lang. 10. auch, An, auf; euch. 11. dass, auß; dess, äuß. 12. der, nur, dar, rück. 13. selbst, desto. 14. welch, doch; manch, durch. 15. oder, ober. 16. seit, weit. 17. an, am; in, im. 18. nicht, noch; nie, nach, nun. 19. bis, ab; bald. 20. fast, ganz; fern, gern; fort, für. 21. hier, her, hin. 22. hinter, vorder, hinten, vorn. 23. denn, dann. 24. sein, sonst. 25. jener, jeder.

Vermischte Aufgaben: 1. Jedem das Seine. 2. Keine Rose ohne Dornen. 3. Unkraut vergeht nicht. 4. Ende gut, alles gut. 5. Eile mit Weile. 6. Wie gewonnen, so zerronnen. 7. Schuster bleib bei deinem Leisten. 8. Viele Köche verderben den Brei. 9. Aus den Augen, aus dem Sinn. 10. Gleich und

sich der Kluge selbst gefällt, um desto mehr schätzt ihn die Welt. 22. Es trägt Verstand und rechter Sinn mit wenig Kunst sich selber vor. 23. Der Krug geht so lange zu Wasser, bis er bricht. 24. Wer sich nicht nach der Decke streckt, dem bleiben die Füße unbedeckt. 25. Einen Regen-bogen, der eine Viertel-stunde steht, sieht man nicht mehr an. 26. Ein bischen Witz gilt oft mehr als ein gutes Herz. 27. Es hört jeder nur, was er versteht. 28. Vier Elemente, innig gesellt, bilden das Leben, bauen die Welt. 29. Durch nichts bezeichnen die Menschen mehr ihren Charakter, als durch das, was sie lächerlich finden. 30. Mit der Wahrheit besteht man sein ganzes Leben, mit der Lüge oft kaum eine Stunde. 31. Man spricht vergebens viel um zu versagen, der andre hört vor allem nur das Nein. 32. Lebt wol, ihr Berge, ihr geliebten Triften, ihr traulich stillen Täler, lebet wol. 33. Ans Vater-land, ans teure, schließ dich an, das halte fest mit deinem ganzen Herzen. 34. Mancher sorgt sich zwar alt, aber nicht reich. 35. Spät kommt ihr, doch ihr kommt; der weite Weg, Graf Isolan, entschuldigt euer Säumen. 36. Gar freundliche Gesellschaft leistet uns ein ferner Freund, wenn wir ihn glücklich wissen. 37. Die größten Menschen hängen immer mit ihrem Jahr-hundert durch eine Schwachheit zusammen. 38. Wenn man beim Stachel der Biene oder des Schicksals nicht still hält, so reißt der Stachel ab und bleibt zurück. 39. Eines schickt sich nicht für alle; sehe jeder, wie er's treibe, sehe jeder, wo er bleibe, und wer steht, dass er nicht falle. 40. Freut euch des Lebens, weil noch das Lämpchen glüht, pflücket die Rose, eh sie verblüht. 41. Nur wer sich recht des Lebens freut, trägt leichter, was es schlimmes beut. 42. Mit dem Pfeil, dem Bogen, durch Gebirg und Tal, kommt der Schütz gezogen, früh im Morgen-stral. 43. Wer nie sein Brot mit Tränen aß, wer nie die kummer-vollen Nächte auf seinem Bette weinend saß, der kennt euch nicht, ihr himmlischen Mächte. 44. Wer früh erwirbt, lernt früh den hohen Wert der holden Güter dieses Lebens schätzen. 45. Es bildet ein Talent sich in der Stille, sich ein Charakter in dem Strom der Welt. 46. Da rufen sie den Geist an in der Not, und grauet ihnen gleich, wenn er sich zeigt. 47. Mancher, der in blindem Eifer jetzt zu jedem äußersten entschlossen scheint, find't unerwartet in der Brust ein Herz, spricht man des Frevels wahren Namen aus. 48. Wahrheit suchen wir beide: du außen im Leben, ich innen in dem Herzen, und so findet sie jeder gewiss. 49. Mich malte Meister Simon Klex so meisterlich, dass aller Welt so gut als mir das Bildnis glich. 50. Im engern Kreis verengert sich der Sinn, es wächst der Mensch mit seinen größern Zwecken. 51. Wie heißt das schlimmste Tier mit Namen? so fragt ein König einen weisen Mann. Der Weise sprach: von wilden heißt's Tyrann, und Schmeichler von den zahmen. 52. Crast, der gern so neu als eigentümlich spricht, nennt einen Stachel-reim sein leidig Sinn-gedicht. — Die Reime hör ich wol, den Stachel fühl ich nicht. 53. Nur dem Ernst, den keine Mühe bleichet, rauscht der Wahrheit tief versteckter Born, nur des Meißels schwerem Schlag erweichet sich des Marmors sprödes Korn. 54. Wie heißt das Ding, das wen'ge schätzen, doch ziert's des größten Kaisers Hand? Kein Blut vergießt's und macht doch tausend Wunden, niemand beraubt's und macht doch reich. 55. Der bessre Mensch tritt in die Welt mit fröhlichem Vertrauen; er glaubt, was ihm die Seele schwellt, auch außer sich zu schauen, und weiht, von edlem Eifer warm, der Wahrheit seinen treuen Arm. 56. Dieses Lagers lärmendes Gewühl, der Pferde Wiehern, der Trompete Schmettern, des Dienstes immer gleich gestellte Uhr, die Waffen-übung, das Commando-wort, — dem Herzen gibt es nichts, dem lechzenden, die Seele fehlt dem nichtigen Geschäfte; es gibt ein andres Glück und andre Freuden. 57. Lieblich in der Bräute Locken spielt der jung-fräuliche Kranz, wenn die hellen Kirchen-glocken laden zu des Festes Glanz. — Ach, des Lebens schönste Feier endigt auch den Lebens-mai, mit dem Gürtel, mit dem Schleier reißt der schöne Wahn entzwei. 58. Das Mädchen von Orleans. Das edle Bild der Menschheit zu verhöhnen im tiefsten Staube wälzte dich der Spott. Krieg führt der Witz auf ewig mit dem Schönen, er glaubt nicht an den Engel und den Gott. — Es liebt die Welt, das Stralende zu schwärzen und das Erhabne in den Staub zu ziehn. Doch fürchte nicht, es gibt noch schöne Herzen, die für das Hohe, Herrliche entglühn. 59. Kennst du das Land, wo die Citronen blühn, im dunkeln Laub die Gold-orangen glühn, ein sanfter Wind vom blauen Himmel weht, die Myrte still und hoch der Lorbeer steht? Kennst du es wol? — Kennst du den Berg und seinen Wolken-steg? Das Maul-tier sucht im Nebel seinen Weg, in Höhlen wohnt der Drachen alte Brut, es stürzt der Fels und über ihn die Flut. Kennst du ihn wol? 60. Sokrates und Alcibiades. „Warum huldigest du, heiliger Sokrates, diesem Jünglinge stets? Kennest du Größres nicht? Warum siehet mit Liebe wie auf Götter dein Aug auf ihn?" — Wer das Tiefste gedacht, liebt das Lebendigste; hohe Tugend versteht, wer in die Welt geblickt, und es neigen die Weisen oft am Ende zum Schönen sich.

Weiteren Übungsstoff bieten Schillers Distichen: die verschiedene Bestimmung, das Belebende, zweierlei Wirkungsarten, der gelehrte Arbeiter, mein Glaube, Theophanie, falscher Studirtrieb, der Naturkreis, Erwartung und Erfüllung, die Triebfedern, deutscher Genius, der epische Hexameter, der Triumphbogen. — Der Kampf mit dem Drachen, Strophe 1. Die Kraniche des Ibykus Strophe 1 und 2. Der Tanz, Vers 1—8.

Schreibübung 12.

1. Üb immer Treu und Redlichkeit bis an dein kühles Grab, und weiche keinen Finger breit von Gottes Wegen ab. Dann wirst du wie auf grünen Aun durchs Pilgerleben gehn, dann kannst du sonder Furcht und Graun dem Tod ins Antlitz sehn. Dann wird die Sichel und der Pflug in deiner Hand so leicht, dann singest du beim Wasserkrug, als wär dir Wein gereicht. Dem Bösewicht wird alles schwer, er tue was er tu, der Teufel treibt ihn hin und her und lässt ihm keine Ruh. 2. Fleiß und Arbeit lob ich nicht, Fleiß und Arbeit lob ein Bauer. Ja der Bauer selber spricht, Fleiß und Arbeit wird ihm sauer. Faul zu sein sei meine Pflicht; diese Pflicht ermüdet nicht. Bruder, lass das Buch voll Staub; willst du länger mit ihm wachen? Morgen bist du selber Staub! Lass

Nun lebet er drauf los, verschwelgt, verspielt, verstreut: sein End ist wirklich da. 7. Warum der Dichter Hadrian die Katzen so besonders leiden kann? Das lässt sich leicht ermessen: dass seine Verse nicht die Mäuse fressen. 8. In Jahresfrist verschwur sich Nickel Fein ein reicher Mann zu sein. Auch wär es, traun! nach seinem Schwur gegangen, hätt man ihn nicht vor Jahresfrist — gehangen. 9. Ich warf dem Mison vor, dass ihn so viele hassen. Je nun, wen lieb ich denn? sprach Mison ganz gelassen. 10. Wer Freunde sucht, ist sie zu finden wert; wer keinen hat, hat keinen noch begehrt. 11. Willst du immer weiter schweifen? Sieh, das Gute liegt so nah; lerne nur das Glück ergreifen, denn das Glück ist immer da. 12. Zu Dionys dem Tyrannen schlich Möros, den Dolch im Gewande; ihn schlugen die Häscher in Bande. „Was wolltest du mit dem Dolche, sprich!" entgegnet ihm finster der Wüterich. „Die Stadt vom Tyrannen befreien." „Das sollst du am Kreuze bereuen." „Ich bin", spricht jener, „zu sterben bereit und bitte nicht um mein Leben; doch willst du Gnade mir geben, ich flehe dich um drei Tage Zeit, bis ich die Schwester dem Gatten gefreit; ich lasse den Freund dir als Bürgen; ihn magst du, entrinn ich, erwürgen." Da lächelt der König mit arger List und spricht nach kurzem Bedenken: „drei Tage will ich dir schenken; doch wisse, wenn sie verstrichen, die Frist, eh du zurück mir gegeben bist, so muss er statt deiner erblassen, doch dir ist die Strafe erlassen." Und er kommt zum Freunde: „Der König gebeut, dass ich am Kreuz mit dem Leben bezahle das frevelnde Streben; doch will er mir gönnen drei Tage Zeit, bis ich die Schwester dem Gatten gefreit; so bleib du dem König zum Pfande, bis ich komme zu lösen die Bande."

13. Spottet ja nicht des Kinds, wenn es mit Peitsch und Sporn auf dem Rosse von Holz mutig und groß sich dünkt! Denn, ihr Deutschen, auch ihr seid tatenarm und gedankenvoll. Oder kömmt, wie der Stral aus dem Gewölke kömmt, aus dem Gedanken die Tat? Leben die Bücher bald? O ihr Lieben, so nehmt mich, dass ich büße die Lästerung. Hölderlin. 14. Frisch auf, mein Volk! die Flammenzeichen rauchen, hell aus dem Norden bricht der Freiheit Licht. Du sollst den Stahl in Feindes Herzen tauchen; die Saat ist reif, ihr Schnitter, zaudert nicht! Körner. 15. Wol auf, Kameraden, aufs Pferd, aufs Pferd! Ins Feld, in die Freiheit gezogen. Im Felde, da ist der Mann noch was wert, da wird ihm das Herz noch gewogen; da tritt kein andrer für ihn ein, auf sich selber steht er da ganz allein. — Des Lebens Ängsten, er wirft sie weg, hat nicht mehr zu fürchten, zu sorgen; er reitet dem Schicksal entgegen keck, trifft's heute nicht, trifft es doch morgen; und trifft es morgen, so lasset uns heut noch schlürfen die Neige der köstlichen Zeit! Schiller. 16. Morgenrot, leuchtest mir zum frühen Tod. Bald wird die Trompete blasen, dann muss ich das Leben lassen, ich und mancher Kamerad. Kaum gedacht, wird der Lust ein End gemacht. Gestern noch auf stolzen Rossen, heute durch die Brust geschossen, morgen in das kühle Grab. Hauff. 17. Sie sollen ihn nicht haben, den freien, deutschen Rhein, so lang sich Herzen laben an seinem Feuerwein; so lang in seinem Strome noch fest die Felsen stehn, so lang sich hohe Dome in seinem Spiegel sehn. Sie sollen ihn nicht haben, den freien, deutschen Rhein, bis seine Flut begraben des letzten Manns Gebein. Becker.

18. Es braust ein Ruf wie Donnerhall, wie Schwertgeklirr und Wogenprall: zum Rhein, zum Rhein, zum deutschen Rhein! Wer will des Stromes Hüter sein?

Lieb Vaterland, magst ruhig sein, fest steht und treu die Wacht am Rhein! — Durch Hunderttausend zuckt es schnell, und aller Augen blitzen hell; der Deutsche bieder, fromm und stark, beschützt die heilge Landesmark. Lieb Vaterland u. s. w. So lang ein Tropfen Blut noch glüht, und eine Faust den Degen zieht, und noch ein Arm die Büchse spannt, betritt kein Feind hier deinen Strand! — Der Schwur erschallt, die Woge rinnt, die Fahnen flattern hoch im Wind: am Rhein, am Rhein, am deutschen Rhein, wir alle wollen Hüter sein! Lieb Vaterland u. s. w. Max Schneckenburger.

19. Was ist des Deutschen Vaterland? Ist's Preußenland, ist's Schwabenland? Ist's wo am Rhein die Rebe blüht? Ist's wo am Belt die Möwe zieht? O nein, nein, nein! Sein Vaterland muss größer sein. — Was ist des Deutschen Vaterland? Ist's Baierland, ist's Steierland? Ist's wo des Marsen Rind sich streckt? Ist's wo der Märker Eisen reckt? O nein, u. s. w. Was ist des Deutschen Vaterland? Ist's Pommerland, Westfalenland? Ist's wo der Sand der Dünen weht? Ist's wo die Donau brausend geht? O nein, u. s. w. Was ist des Deutschen Vaterland? So nenne mir das große Land! Ist's Land der Schweizer? ist's Tirol? Das Land und Volk gefiel mir wol! O nein, u. s. w. Was ist des Deutschen Vaterland? So nenne mir das große Land! Gewiss ist es das Oesterreich, an Ehren und an Siegen reich! O nein, u. s. w. Was ist des Deutschen Vaterland, so nenne endlich mir das Land! So weit die deutsche Zunge klingt und Gott im Himmel Lieder singt: das soll es sein, das, wackrer Deutscher, nenne dein! Ernst Moritz Arndt.

20. Festgemauert in der Erden steht die Form aus Lehm gebrannt. Heute muss die Glocke werden! frisch, Gesellen, seid zur Hand! Von der Stirne heiß rinnen muss der Schweiß, soll das Werk den Meister loben; doch der Segen kommt von oben. — Zum Werke, das wir ernst bereiten, geziemt sich wol ein ernstes Wort; wenn gute Reden sie begleiten, dann fließt die Arbeit munter fort. So lasst uns jetzt mit Fleiß betrachten, was durch die schwache Kraft entspringt; den schlechten Mann muss man verachten, der nie bedacht, was er vollbringt. Jetzt, Gesellen, frisch! Prüft mir das Gemisch, ob das Spröde mit dem Weichen sich vereint zum guten Zeichen. Denn wo das Strenge mit dem Zarten, wo Starkes sich und Mildes paarten, da gibt es einen guten Klang. Drum prüfe, wer sich ewig bindet, ob sich das Herz zum Herzen findet! Der Wahn ist kurz, die Reu ist lang. — Wol, nun kann der Guss beginnen, schön gezacket ist der Bruch. Doch bevor wir's lassen rinnen, betet einen frommen Spruch! Stoßt den Zapfen aus! Gott bewahr das Haus! Rauchend in des Henkels Bogen schießt's mit feuerbraunen Wogen. — Dem dunkeln Schoß der heilgen Erde vertrauen wir der Hände Tat, vertraut der Sämann seine Saat und hofft, dass sie entkeimen werde zum Segen nach des Himmels Rat. Noch köstlicheren Samen bergen wir trauernd in der Erde Schoß und hoffen, dass er aus den Särgen erblühen soll zu schönerm Los. — Bis die Glocke sich verkühlet, lasst die strenge Arbeit ruhn; wie im Laub der Vogel spielet, mag sich jeder gütlich tun. Winkt der Sterne Licht, ledig aller Pflicht hört der Bursch die Vesper schlagen; Meister muss sich immer plagen. — Tausend fleißge Hände regen, helfen sich in munterm Bund, und in feurigem Bewegen werden alle Kräfte kund. Meister rührt sich und Geselle in der Freiheit heilgem Schutz; jeder freut sich seiner Stelle, bietet dem Verächter Trutz. Arbeit ist des Bür-

gers Zierde, Segen ist der Mühe Preis; ehrt den König seine Würde, ehrt uns der Hände Fleiß. — Der Meister kann die Form zerbrechen mit weiser Hand zur rechten Zeit; doch wehe, wenn in Flammenbächen das glühnde Erz sich selbst befreit! Blind wütend, mit des Donners Krachen, zersprengt es das geborstne Haus, und wie aus offnem Höllenrachen speit es Verderben zündend aus. — Freude hat mir Gott gegeben! Sehet, wie ein goldner Stern aus der Hülse blank und eben schält sich der metallne Kern. Von dem Helm zum Kranz spielt's wie Sonnenglanz; auch des Wappens nette Schilder loben den erfahrnen Bilder. — Jetzo mit der Kraft des Stranges wiegt die Glock mir aus der Gruft, dass sie in das Reich des Klanges steige, in die Himmelsluft! Ziehet, ziehet, hebt! Sie bewegt sich, schwebt! Freude dieser Stadt bedeute, Friede sei ihr erst Geläute.

Weiteren Übungsstoff bieten von Schiller: Archimedes und der Schüler, die zwei Tugendwege, die Führer des Lebens (Schön und Erhaben), der philosophische Egoist, an einen Weltverbesserer, Columbus, die Antiken zu Paris; — von Göthe: Erlkönig, Trost in Tränen.

Schreibübung 13.

Abschied, Abwesenheit, Abwechselung; absurd, abstrahiren, absorbiren; Andacht, Anschauung, Anerkennung, veranstalten, Veranlassung; Aufruhr, Aufführung, Auflage, aufbewahren; ausdrücklich, Ausverkauf, unausbleiblich; außerhalb; Beifall, beispiellos, beisammen; dazu, davon, dahin, dagegen, damit, danach; dargebracht, darein, daran, darin; Durchlaucht, durchsichtig, undurchdringlich; Einfluss, Einrichtung, uneinnehmbar; Expedition, Explosion, Experiment; Fortentwicklung, Fortschritt; Fürbitte; Gegensatz, gegenwärtig, gegenseitig; herkömmlich, herbei, herein, heran, herab, hervor, herauf, herum; Hintermann, Hinterlader, hinterrücks; Industrie, Ingenieur, Indiscretion; Mitwirkung, Mitleid, mithin, mitunter; nachdrücklich, Nachbar, nachdem, unnachahmlich; Niedergeschlagenheit; Obliegenheiten, obgleich, obwol; obligatorisch, obscur, Observatorium; oberflächlich, Obercommando, Oberlippe; Rückkehr, rückgängig, rückhaltlos; überflüssig, Überredung, überseeisch; Umstand, unumschränkt, umher, umhin; Unterhaltung, untertänigst, unterirdisch, ununterbrochen; Vorsteher, vornehm, unvorbereitet, vorwärts, vorher, vorhin, voran, vorauf, voraus, vorüber; Vorderteil, Vorderstübchen, Vordergebäude; Widerstand, Wiederverkäufer, unwiederbringlich; wolfeil, woltätig, wolwollend; zufrieden, zugegen, zuerst, zunächst; Zurückhaltung, Zurückgezogenheit; zusammengesetzt, unzusammenhängend, Zwischenact, Zwischenstunde.

Vermischte Aufgaben: Schiller: Pompeji und Herculanum, Capuzinerpredigt aus Wallensteins Lager, Prozess und Hinrichtung der Grafen Egmont und Hoorn aus dem Abfall der Niederlande.

Druck von E. S. Mittler & Sohn in Berlin, Kochstraße 69. 70.

Theoretisch-praktisches Lehrbuch

der

deutschen Stenographie

für höhere Schulen

und

zum Selbstunterricht

von

Wilhelm Stolze.

Zweiter Teil:

Schlüssel.

Berlin, 1875.
Ernst Siegfried Mittler und Sohn,
Königliche Hofbuchhandlung
Kochstraße 69. 70.

Schlüssel

zu den

Aufgaben in Wilhelm Stolze's Anleitung

zur

deutschen Stenographie.

Herausgegeben

von

Dr. Franz Stolze.

Fünfte, verbesserte Auflage.

Berlin, 1875.
Ernst Siegfried Mittler und Sohn,
Königliche Hofbuchhandlung.
Kochstraße 69. 70.

thand - Exercises, 1875.

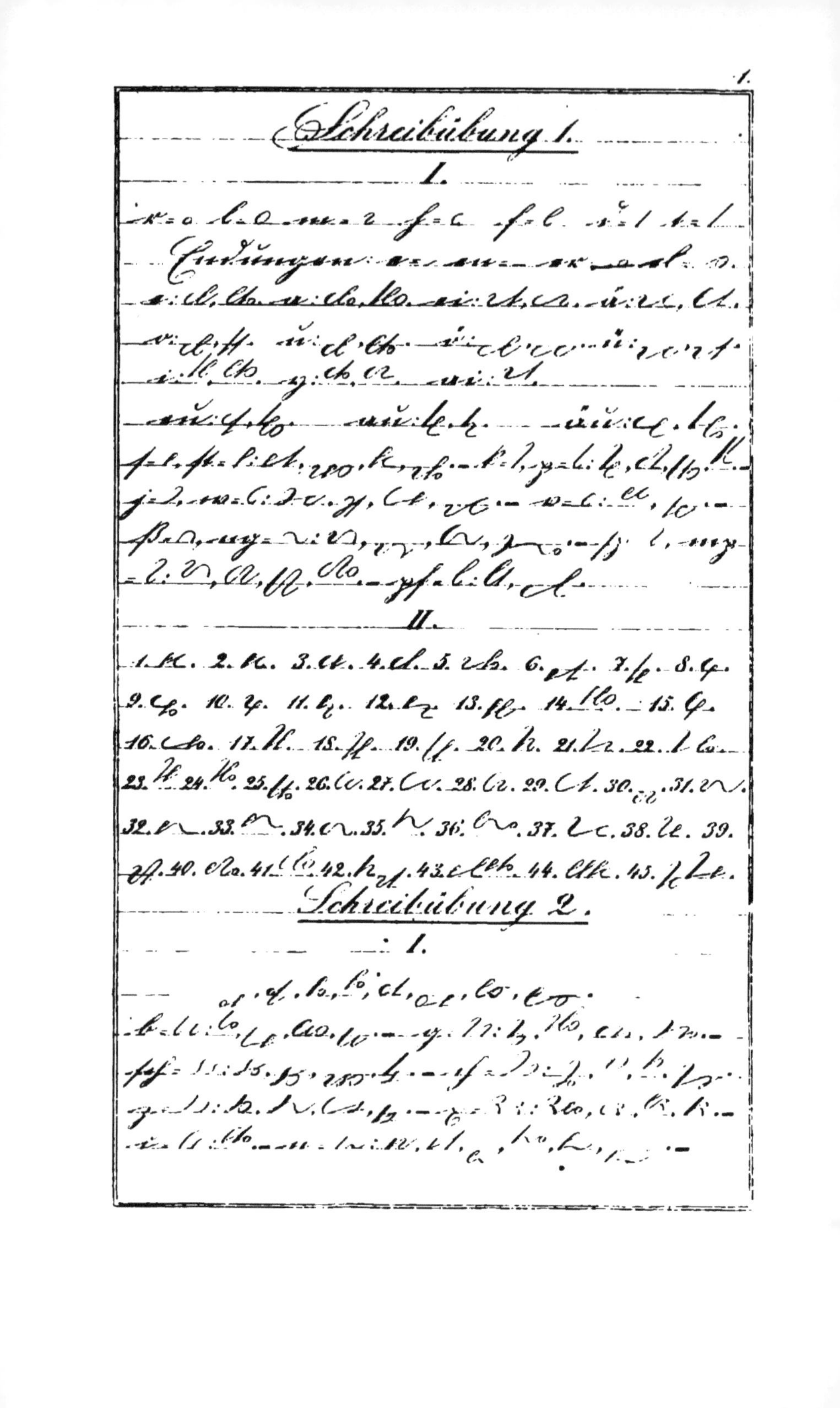

Schreibübung 1.

I.

II.

Schreibübung 2.

I.

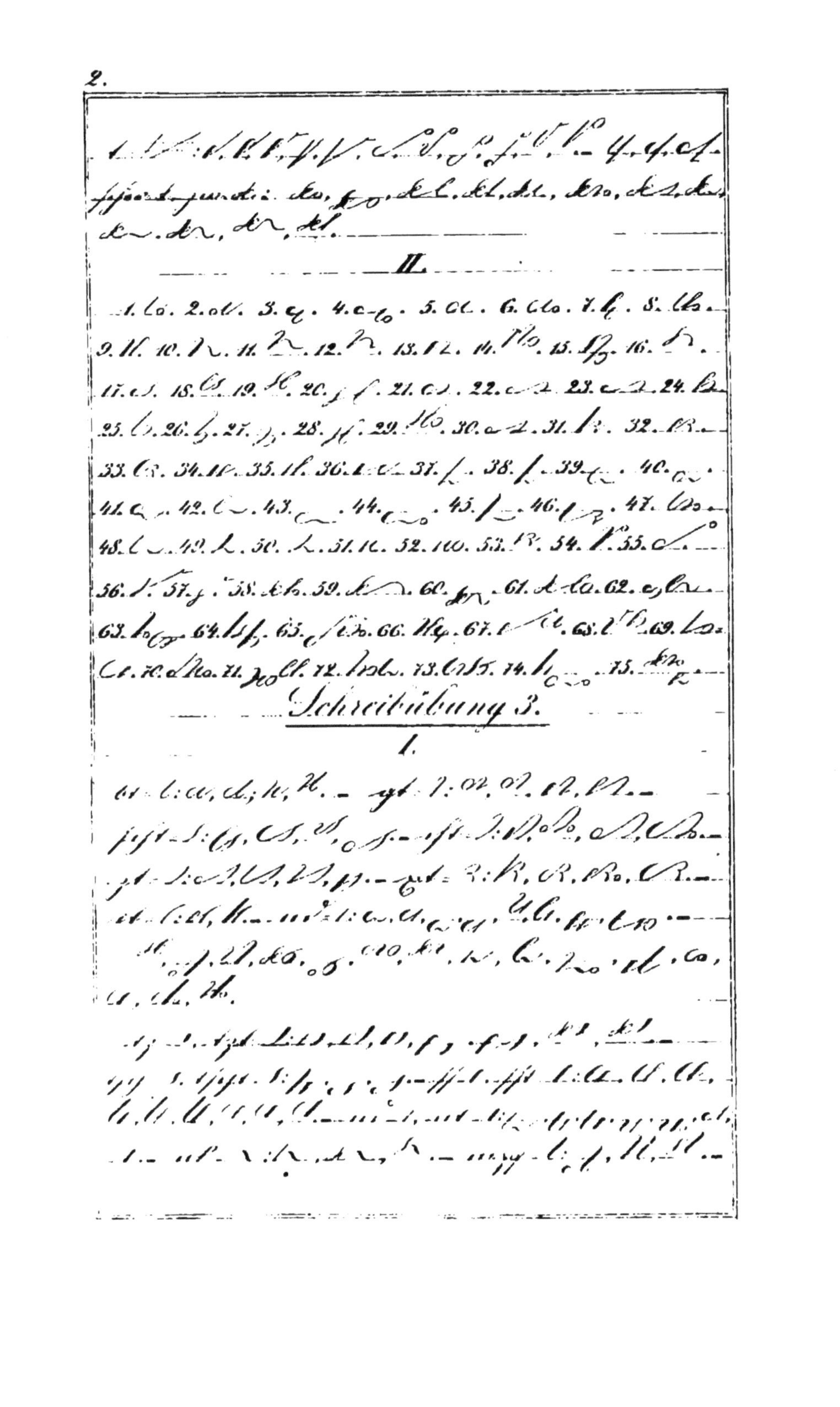

II.

Schreibübung 3.

I.

II.

Schreibübung 4.

I.

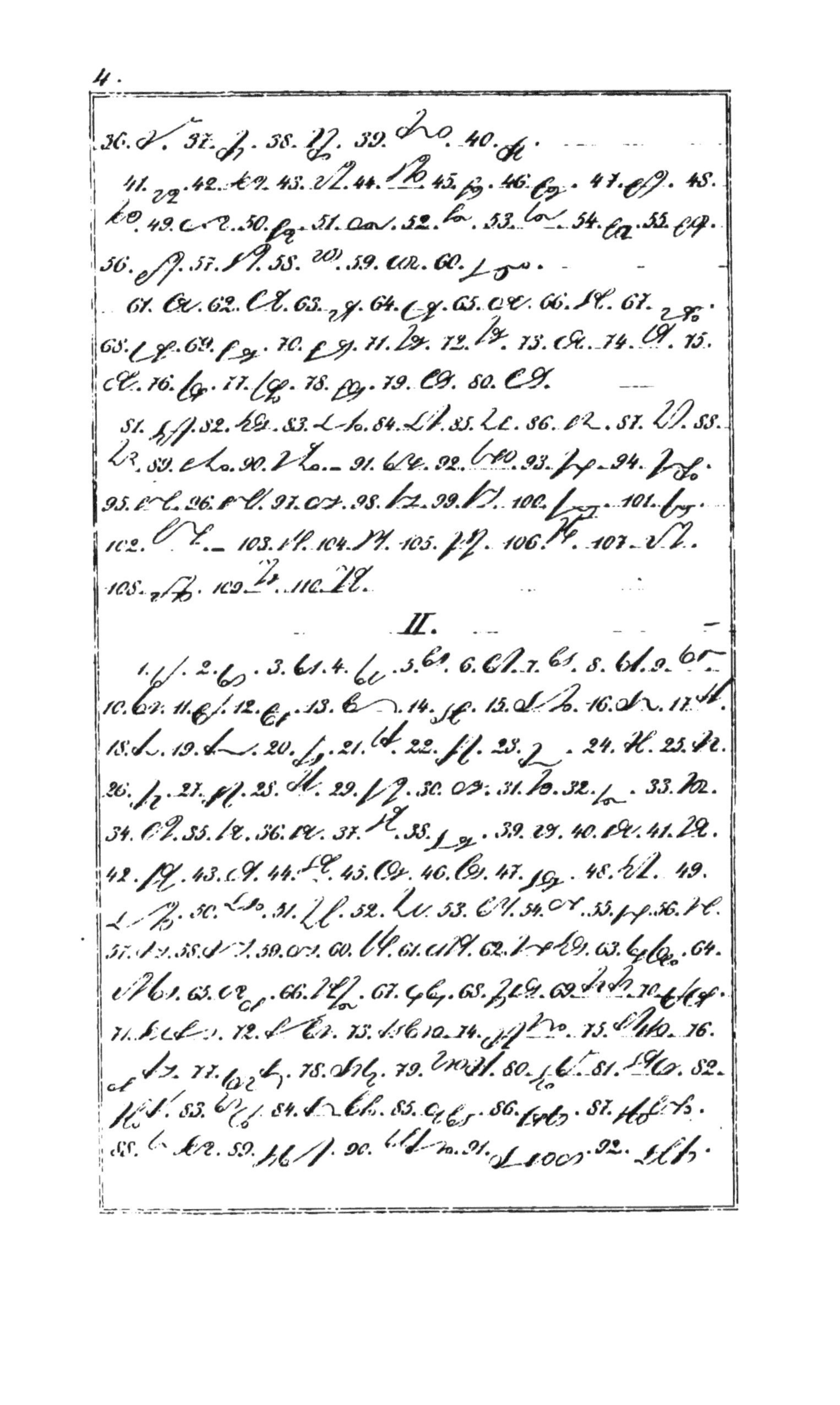

36. 37. 38. 39. 40.
41. 42. 43. 44. 45. 46. 47. 48.
49. 50. 51. 52. 53. 54. 55.
56. 57. 58. 59. 60.
61. 62. 63. 64. 65. 66. 67.
68. 69. 70. 71. 72. 73. 74. 75.
76. 77. 78. 79. 80.
81. 82. 83. 84. 85. 86. 87. 88.
89. 90. 91. 92. 93. 94.
95. 96. 97. 98. 99. 100. 101.
102. 103. 104. 105. 106. 107.
108. 109. 110.

II.

1. 2. 3. 4. 5. 6. 7. 8. 9.
10. 11. 12. 13. 14. 15. 16. 17.
18. 19. 20. 21. 22. 23. 24. 25.
26. 27. 28. 29. 30. 31. 32. 33.
34. 35. 36. 37. 38. 39. 40. 41.
42. 43. 44. 45. 46. 47. 48. 49.
50. 51. 52. 53. 54. 55. 56.
57. 58. 59. 60. 61. 62. 63. 64.
65. 66. 67. 68. 69. 70.
71. 72. 73. 74. 75. 76.
77. 78. 79. 80. 81. 82.
83. 84. 85. 86. 87.
88. 89. 90. 91. 92.

93. 94. 95. 96. 97.
98. 99. 100.

Schreibübungen.

I.

1. 2. 3. 4. 5. 6. 7. 8. 9.
10. 11. 12. 13. 14. 15. 16. 17.
18. 19. 20. 21. 22. 23. 24. 25.
26. 27. 28. 29. 30. 31. 32. 33.
34. 35. 36. 37. 38. 39. 40. 41.
42. 43. 44. 45. 46. 47. 48. 49.
50. 51. 52. 53. 54.

55. 56. 57. 58. 59. 60. 61. 62.
63. 64. 65. 66. 67. 68. 69. 70.
71. 72.

73. 74. 75. 76. 77. 78. 79. 80.
81. 82. 83. 84. 85. 86.

87. 88. 89. 90. 91. 92. 93. 94. 95.
96. 97. 98. 99. 100.

II.

1. 2. 3. 4. 5. 6. 7.
8. 9. 10. 11. 12. 13.
14. 15. 16. 17. 18. 19.
20. 21. 22. 23. 24. 25.
26. 27. 28. 29. 30. 31.
32. 33. 34. 35. 36.
37. 38. 39. 40.

Schreibübung 6.

I.

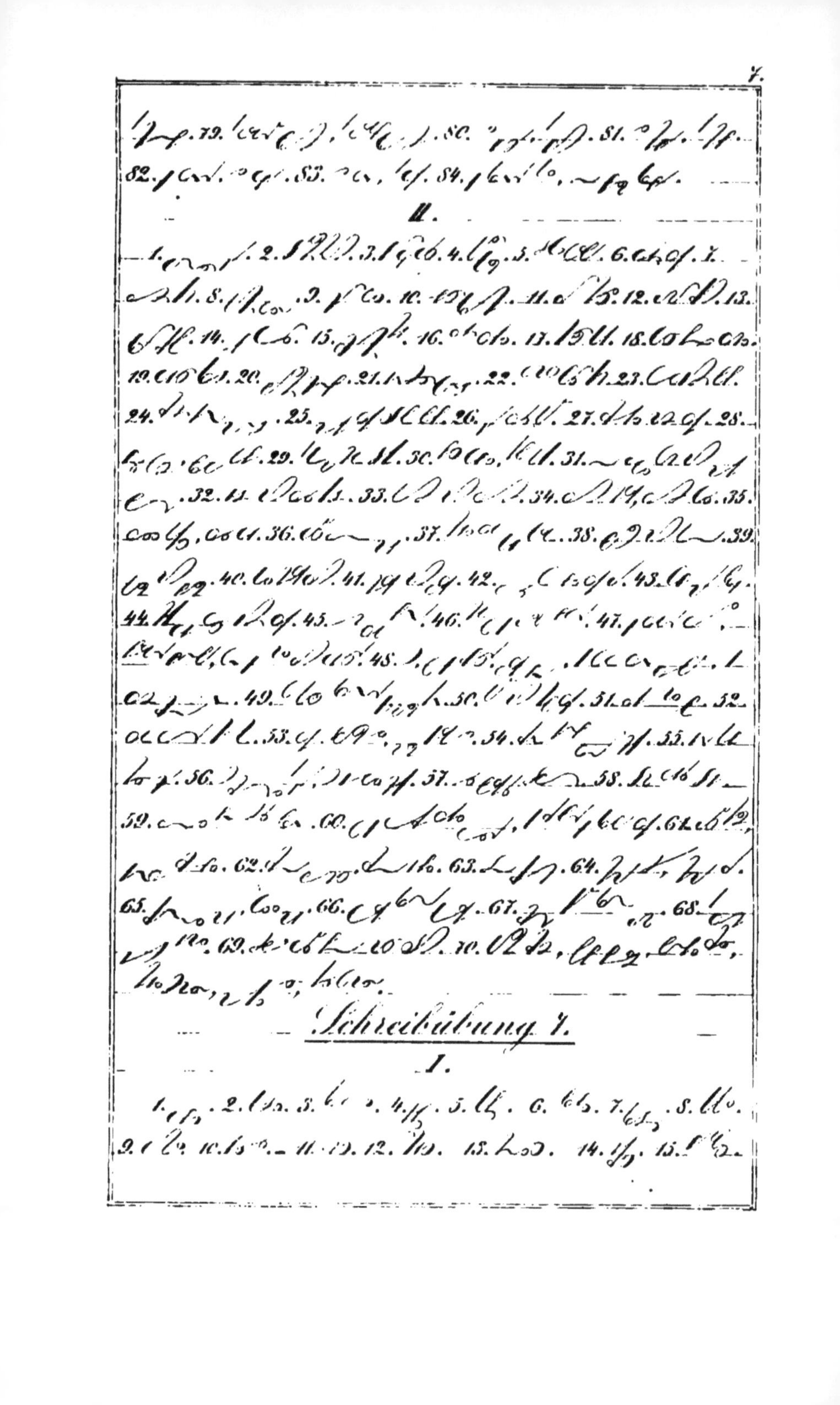

II.

Schreibübung 7.

I.

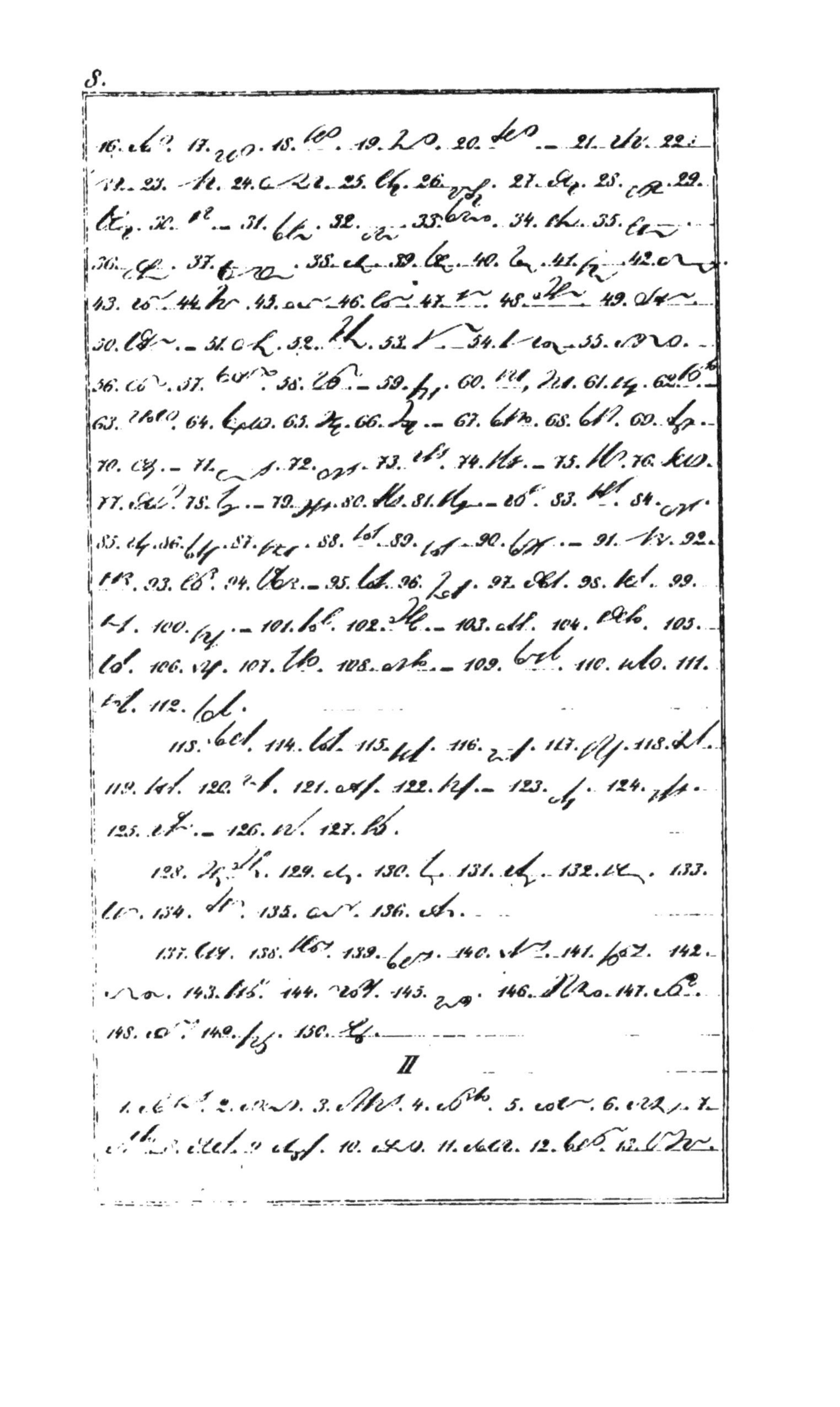

16. 17. 18. 19. 20. – 21. 22.
23. 24. 25. 26. 27. 28. 29.
30. – 31. 32. 33. 34. 35.
36. 37. 38. 39. 40. 41. 42.
43. 44. 45. 46. 47. 48. 49.
50. – 51. 52. 53. 54. 55.
56. 57. 58. – 59. 60. 61. 62.
63. 64. 65. 66. – 67. 68. 69.
70. – 71. 72. 73. 74. – 75. 76.
77. 78. – 79. 80. 81. – 83. 84.
85. 86. 87. 88. 89. 90. – 91. 92.
93. 94. – 95. 96. 97. 98. 99.
100. – 101. 102. – 103. 104. 105.
106. 107. 108. – 109. 110. 111.
112.

113. 114. 115. 116. 117. 118.
119. 120. 121. 122. – 123. 124.
125. – 126. 127.

128. 129. 130. 131. 132. 133.
134. 135. 136.

137. 138. 139. 140. 141. 142.
143. 144. 145. 146. 147.
148. 149. 150.

II

1. 2. 3. 4. 5. 6. 7.
8. 9. 10. 11. 12. 13.

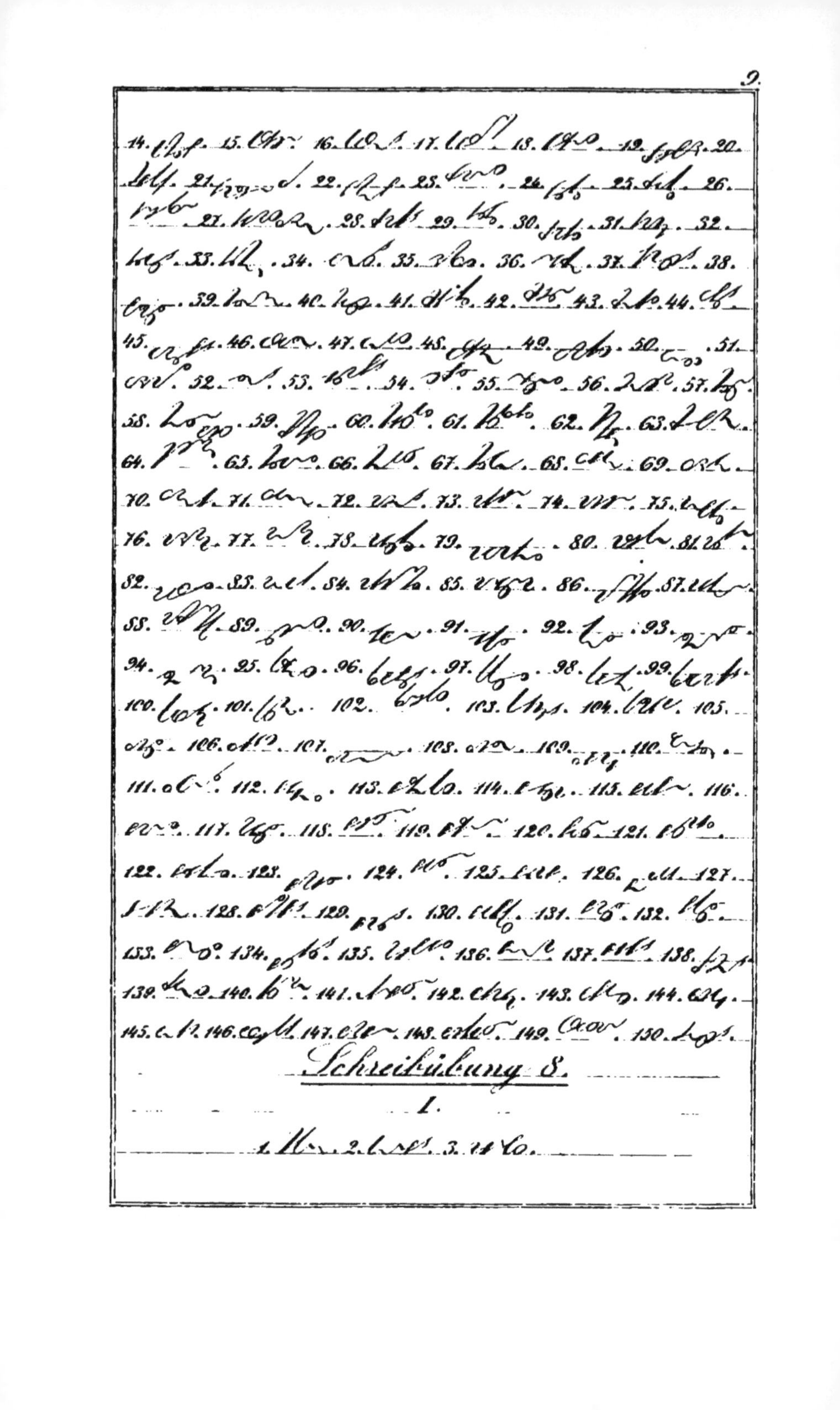

14. 15. 16. 17. 18. 19. 20.
21. 22. 23. 24. 25. 26.
27. 28. 29. 30. 31. 32.
33. 34. 35. 36. 37. 38.
39. 40. 41. 42. 43. 44.
45. 46. 47. 48. 49. 50. 51.
52. 53. 54. 55. 56. 57.
58. 59. 60. 61. 62. 63.
64. 65. 66. 67. 68. 69.
70. 71. 72. 73. 74. 75.
76. 77. 78. 79. 80. 81.
82. 83. 84. 85. 86. 87.
88. 89. 90. 91. 92. 93.
94. 95. 96. 97. 98. 99.
100. 101. 102. 103. 104. 105.
106. 107. 108. 109. 110.
111. 112. 113. 114. 115. 116.
117. 118. 119. 120. 121.
122. 123. 124. 125. 126. 127.
128. 129. 130. 131. 132.
133. 134. 135. 136. 137. 138.
139. 140. 141. 142. 143. 144.
145. 146. 147. 148. 149. 150.

Schreibübung 8.

I.

1. 2. 3.

4. 5. 6. 7. 8. 9. 10. 11.
12. 13. 14. 15. 16. 17.
18. 19. 20. 21. 22. 23.
24. 25. 26. 27. 28. 29. 30.
31. 32. 33. 34. 35. 36. 37.
38. 39. 40.
41. 42. 43. 44. 45. 46. 47.
48. 49. 50. 51. 52. 53. 54.
55. 56. 57. 58. 59. 60. 61. 62.
63. 64. 65. 66. 67. 68.
69. 70. 71. 72. 73. 74.
75. 76. 77. 78. 79. 80.
81. 82. 83. 84. 85. 86. 87. 88.
89. 90. 91. 92. 93. 94. 95.
96. 97. 98. 99. 100. 101.
102. 103. 104. 105. 106. 107. 108.
109. 110. 111. 112. 113. 114.
115. 116. 117. 118. 119. 120.
121. 122. 123. 124. 125.

franz: j = S: 126. 127. 128. 129.
l mouillé = : 130. 131. 132. 133.
ff = l: 134. 135. 136.
ff = l: 137. 138. 139. 140. 141. 142.
143. 144. 145. 146. 147.
148.

y = s: 149. 150.

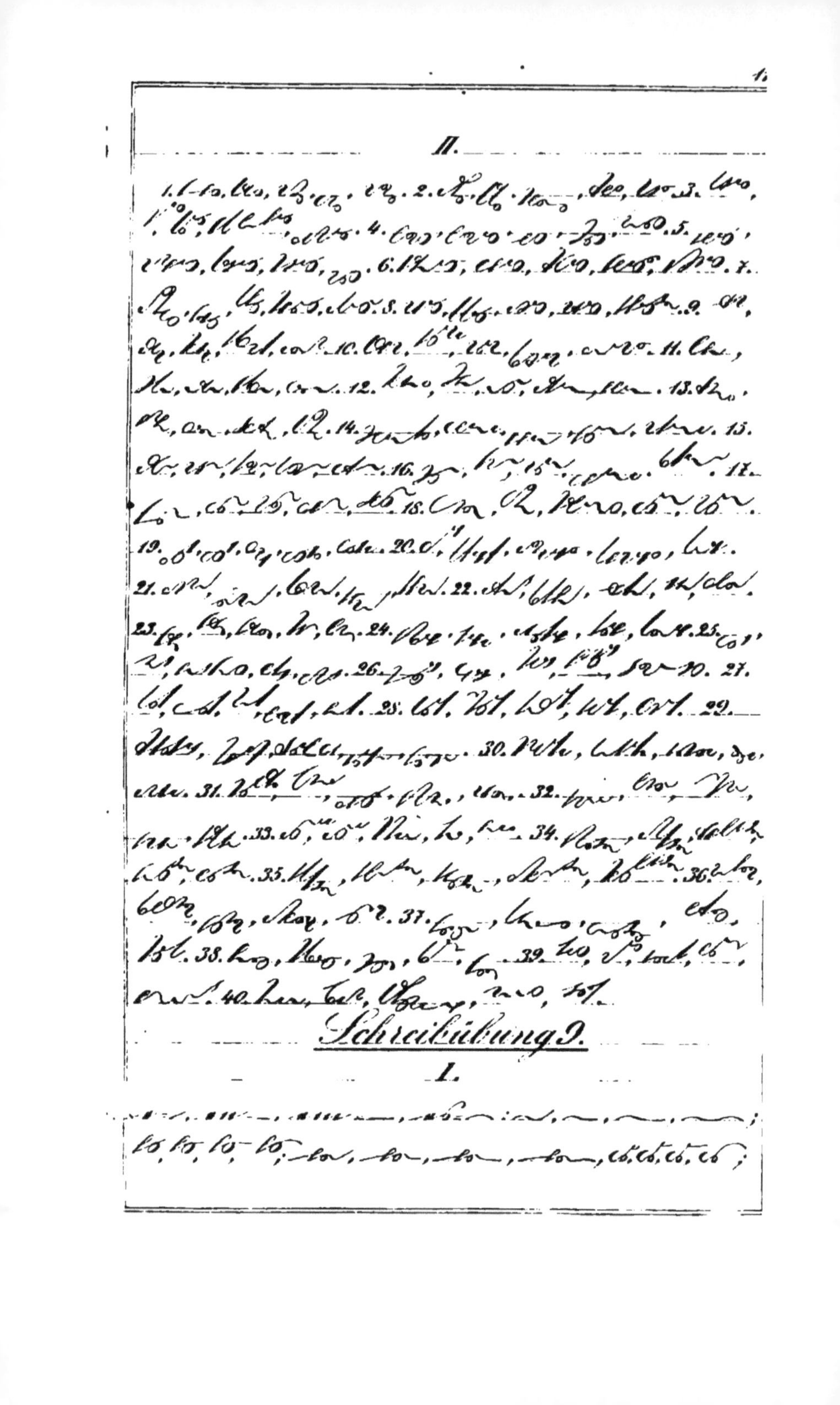

II.

Schreibübung 9.

I.

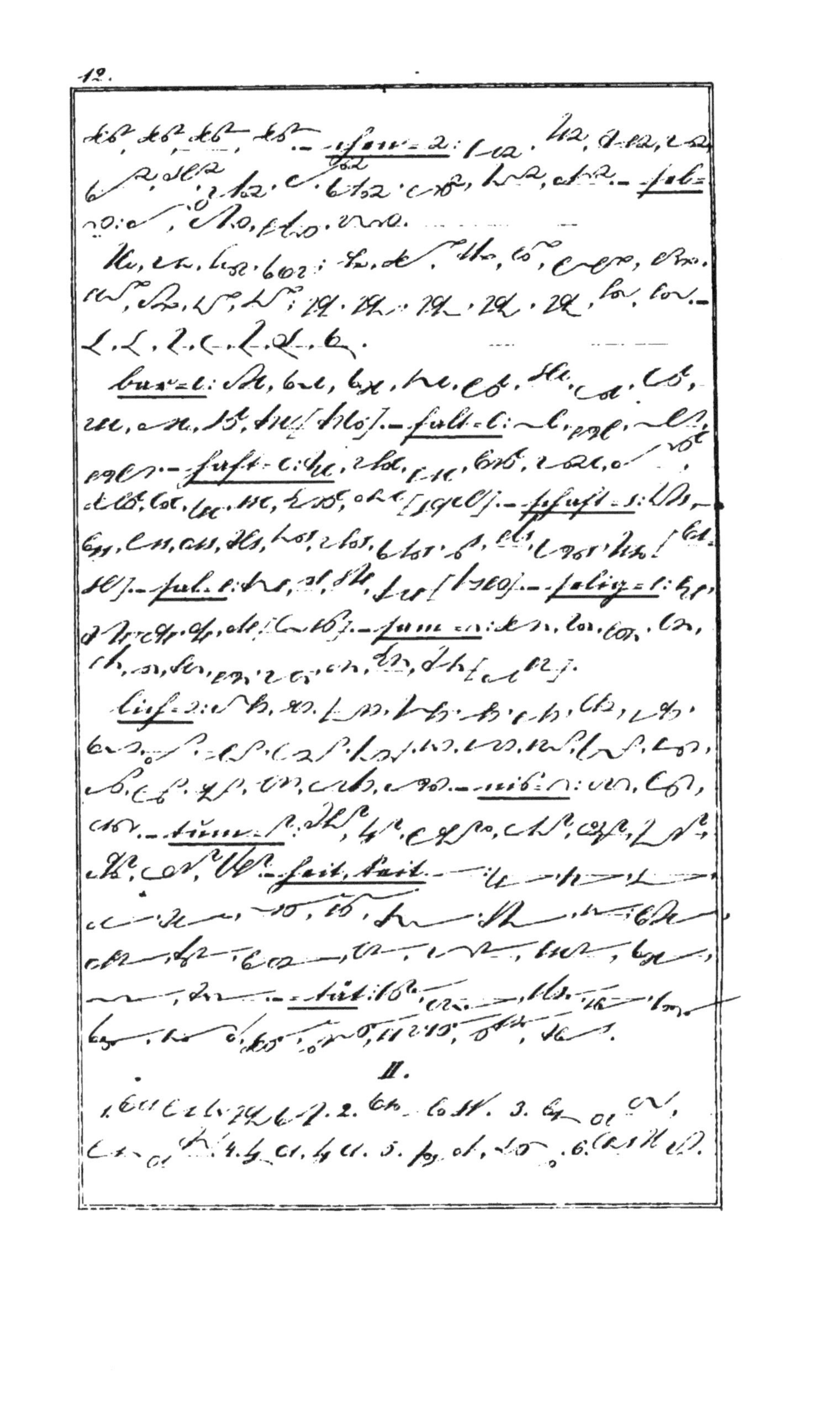

II.

Schreibübung 10.

I.

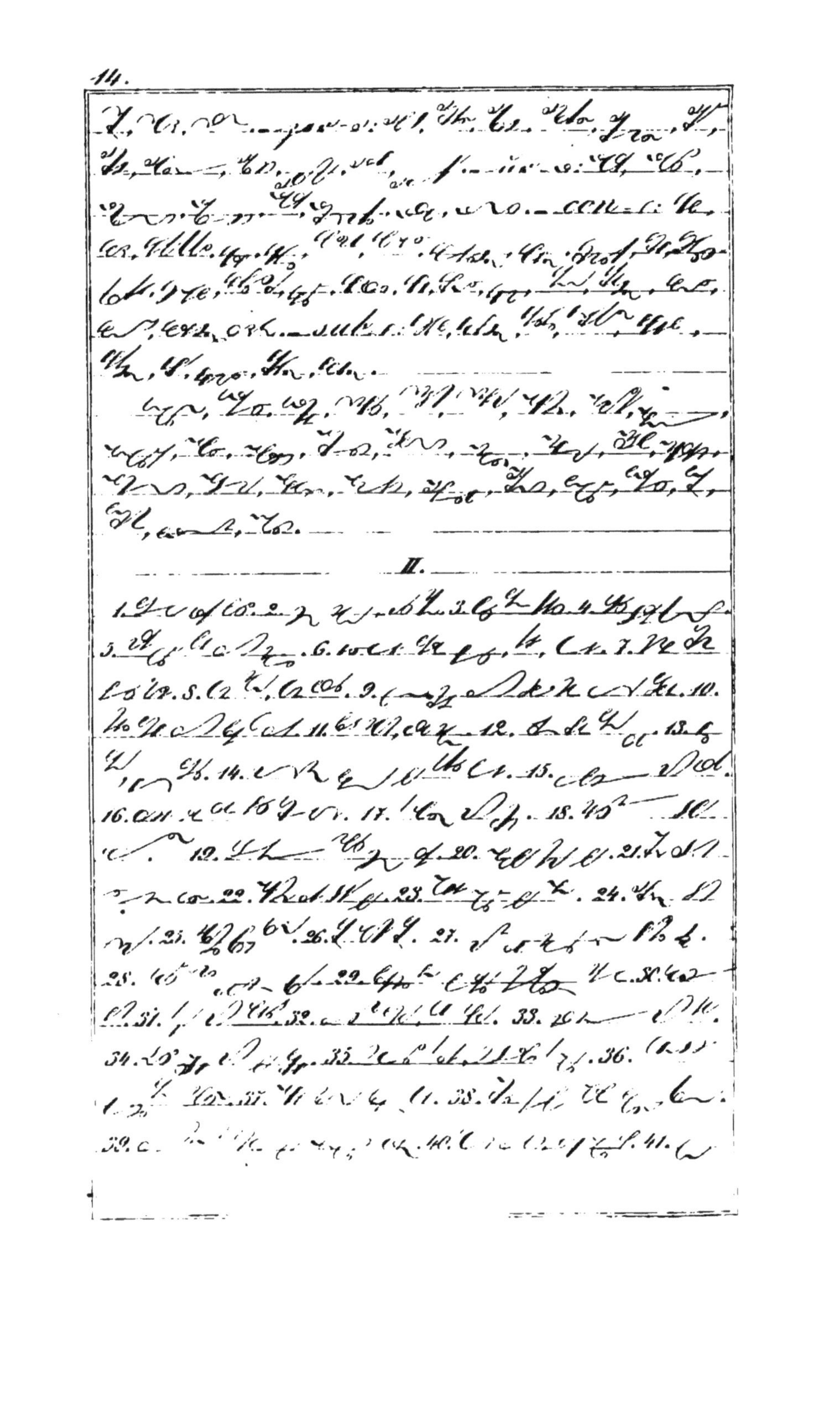

II.

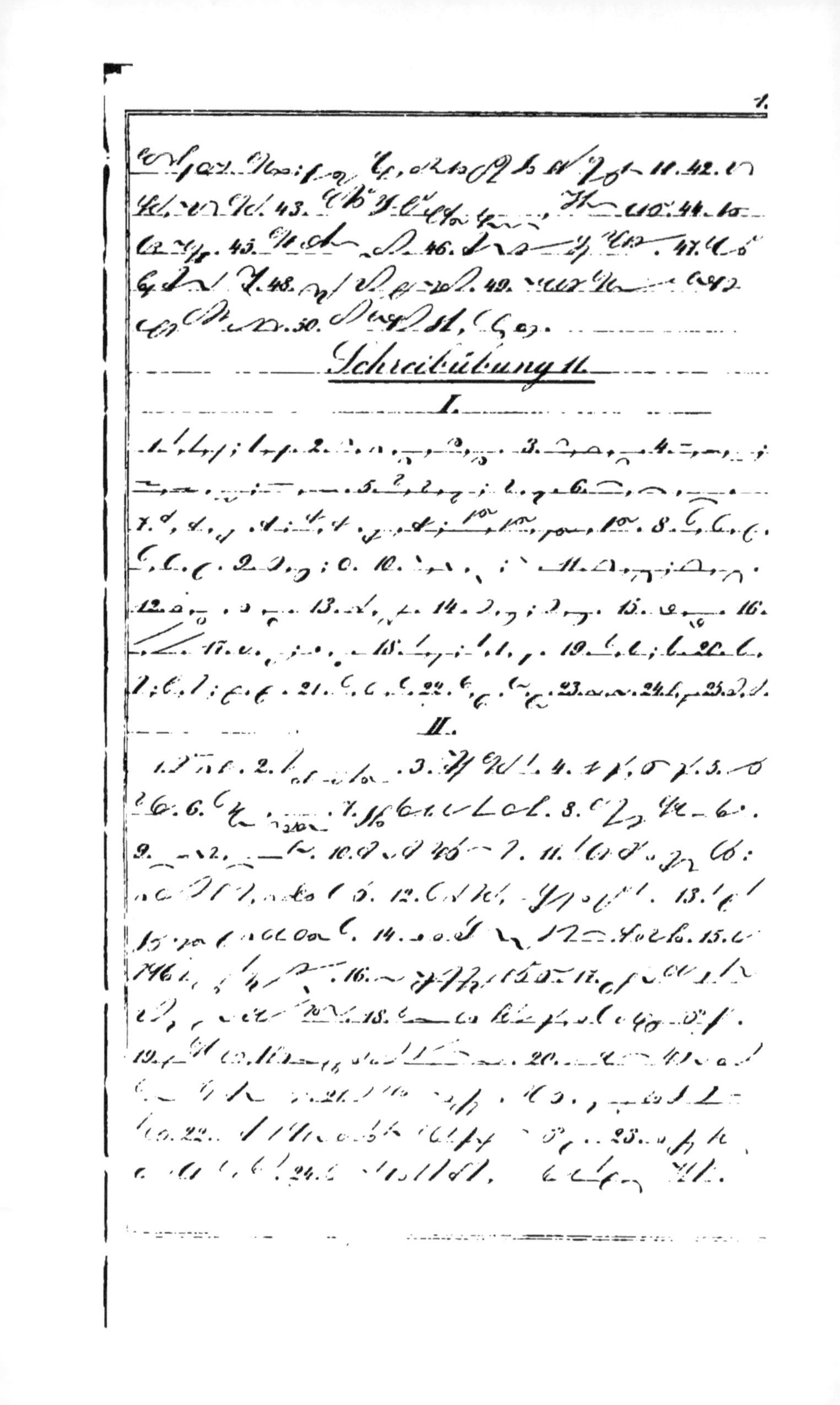

Schreibübungen

I.

II.

25. 26.
27. 28.
29.
30. 31.
32.
33.
34. 35.
36.
37.
38.
39.
40.
41.
42.
43.
44.
45.
46.
47.
48.
49.
50.

51.
52.

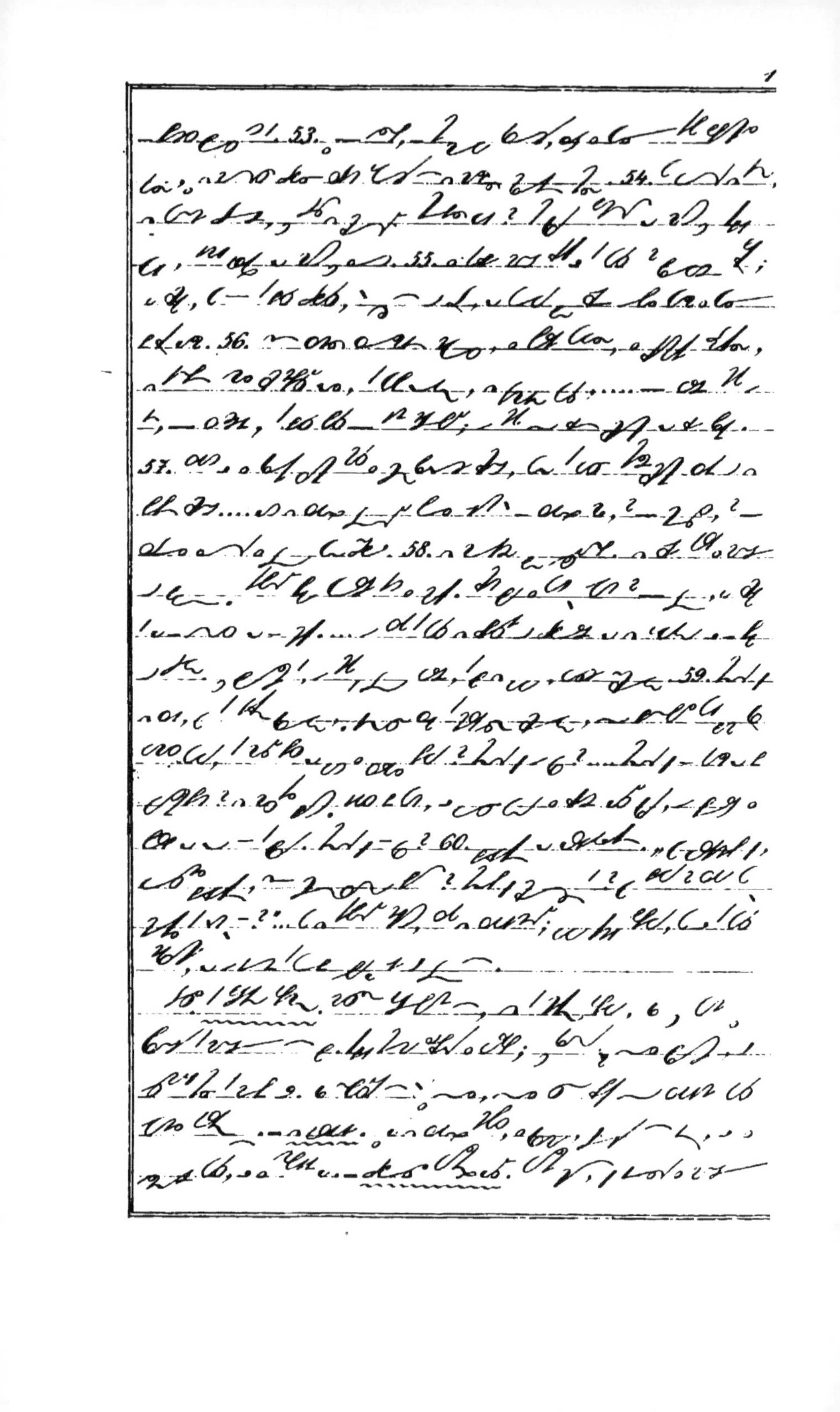

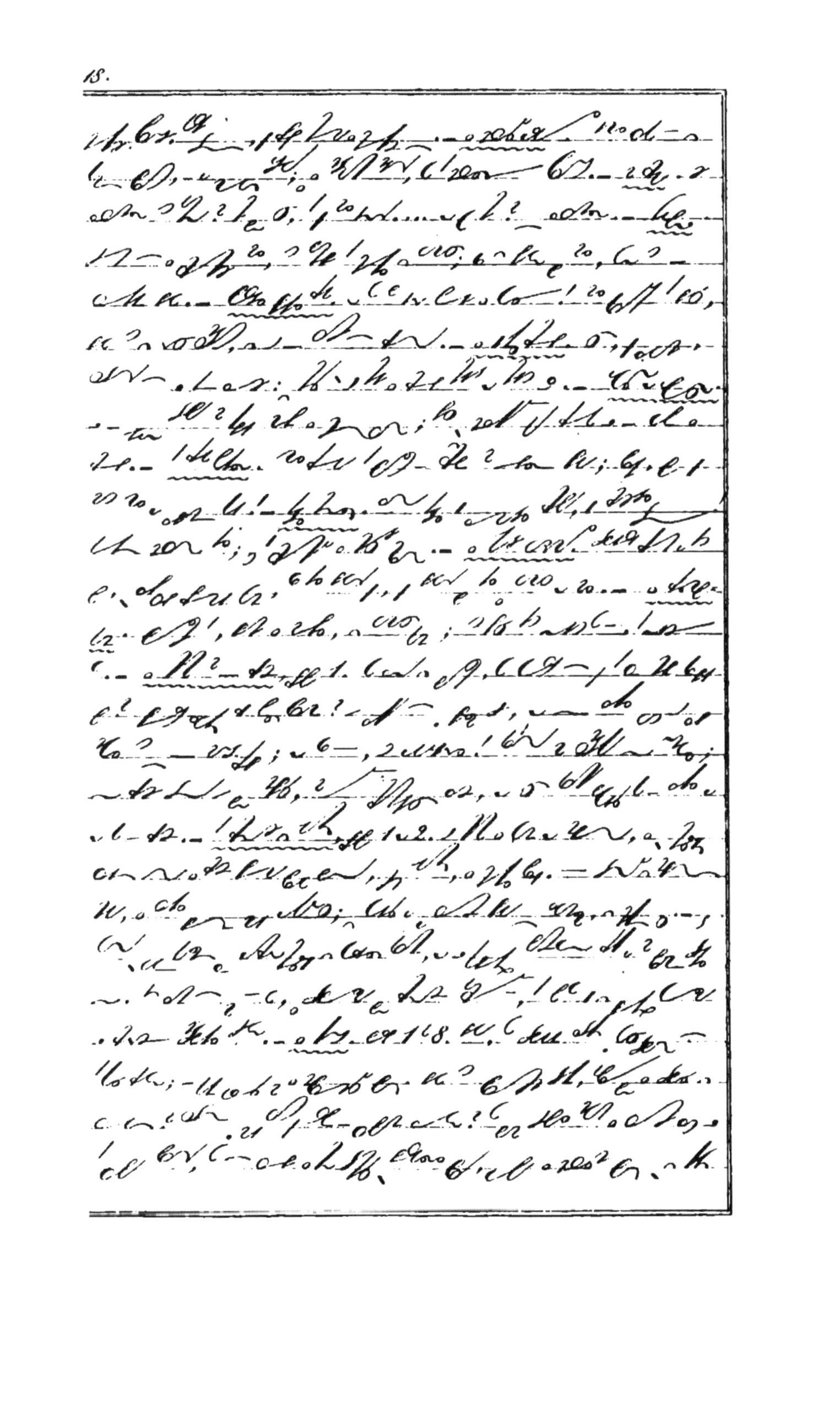

Schreibübung 12.

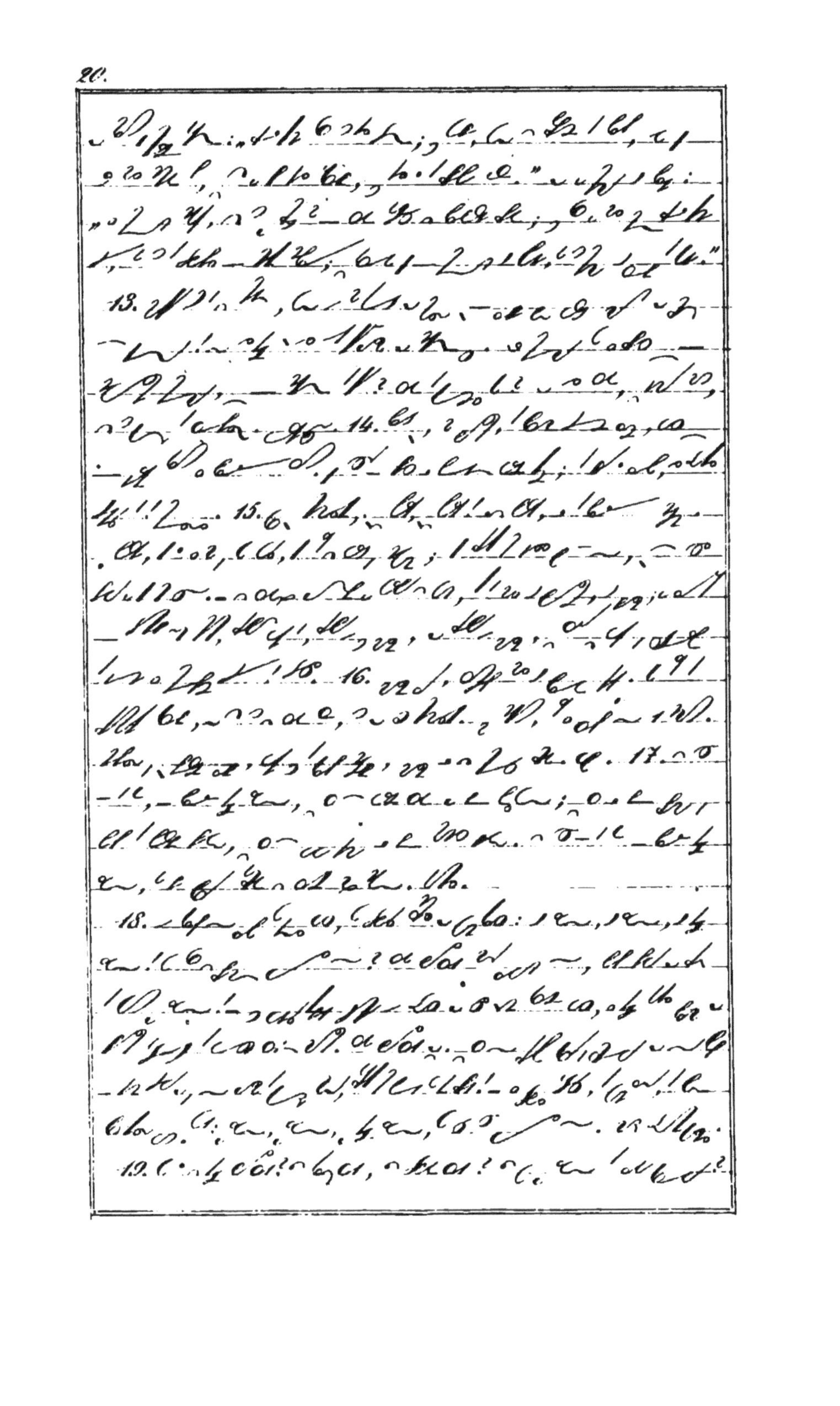

13.

14.

15.

16.

17.

18.

19.

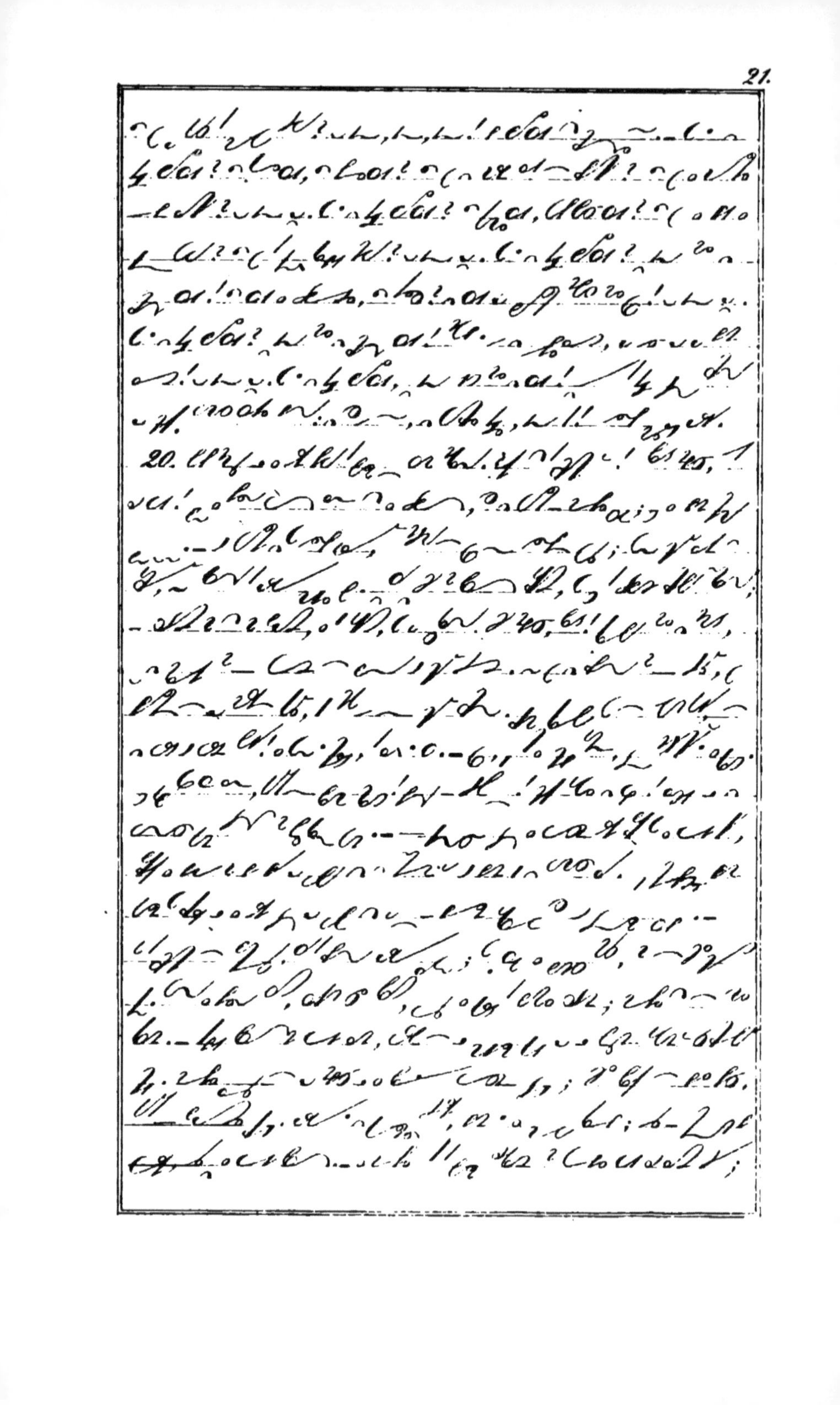

20.

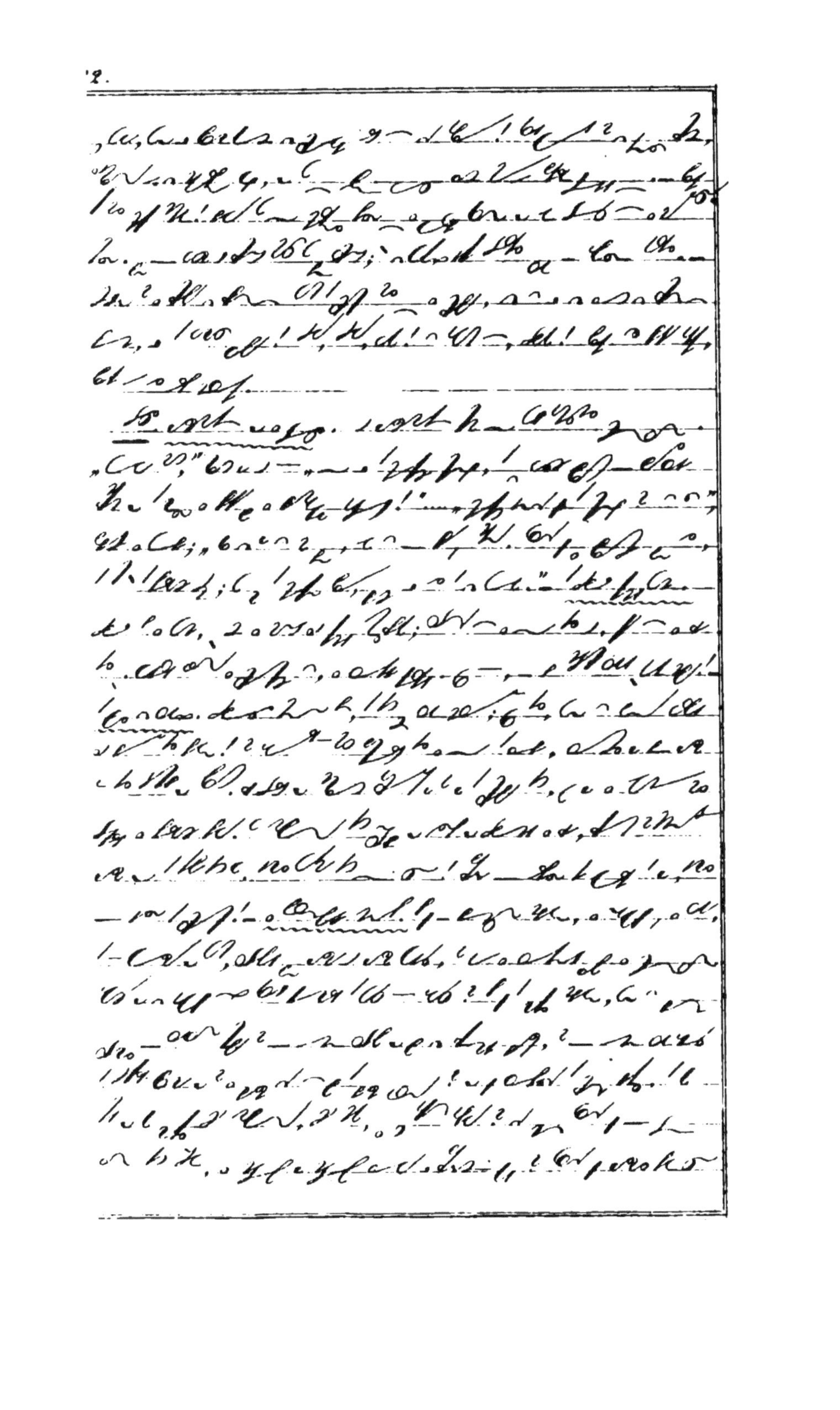

[illegible]

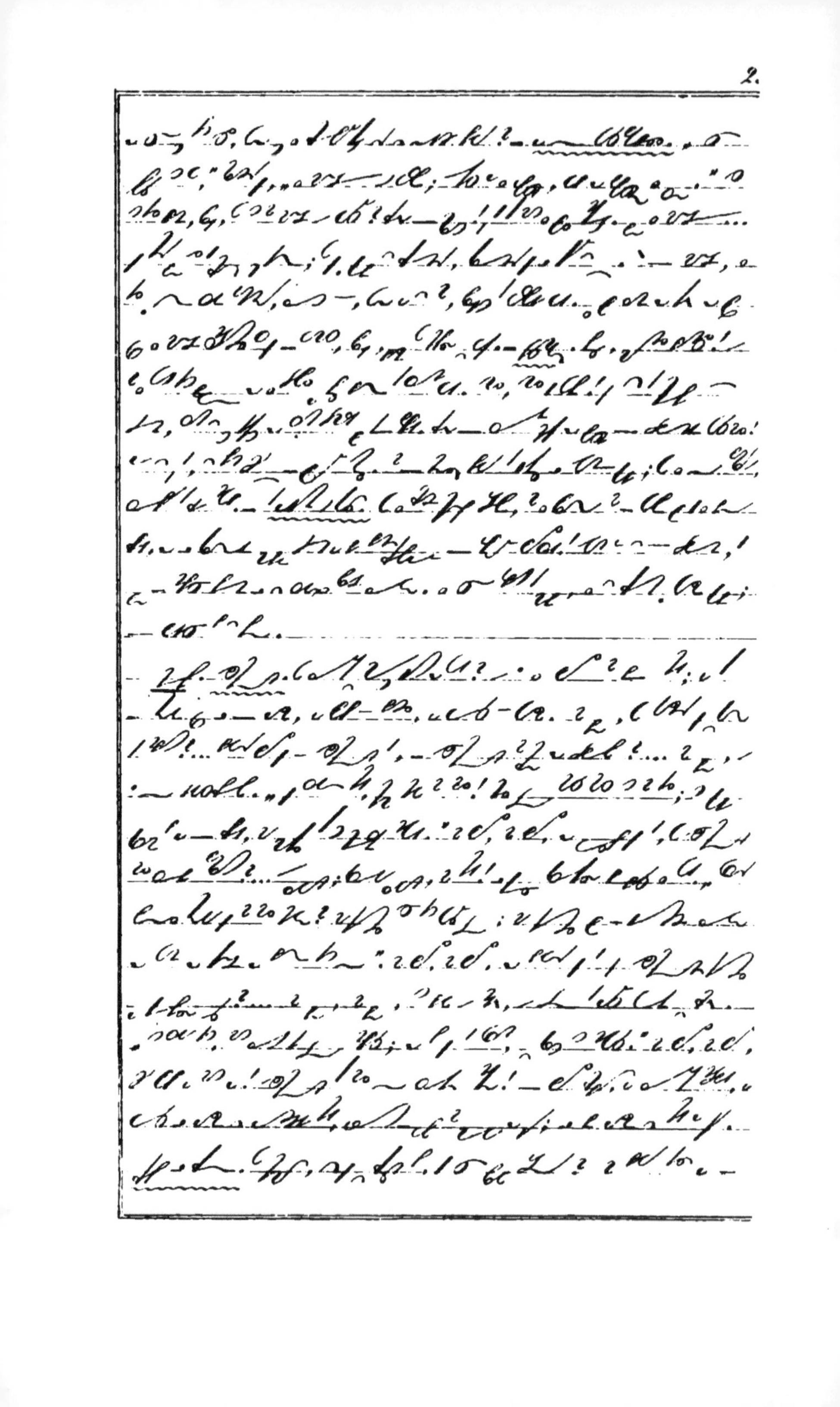

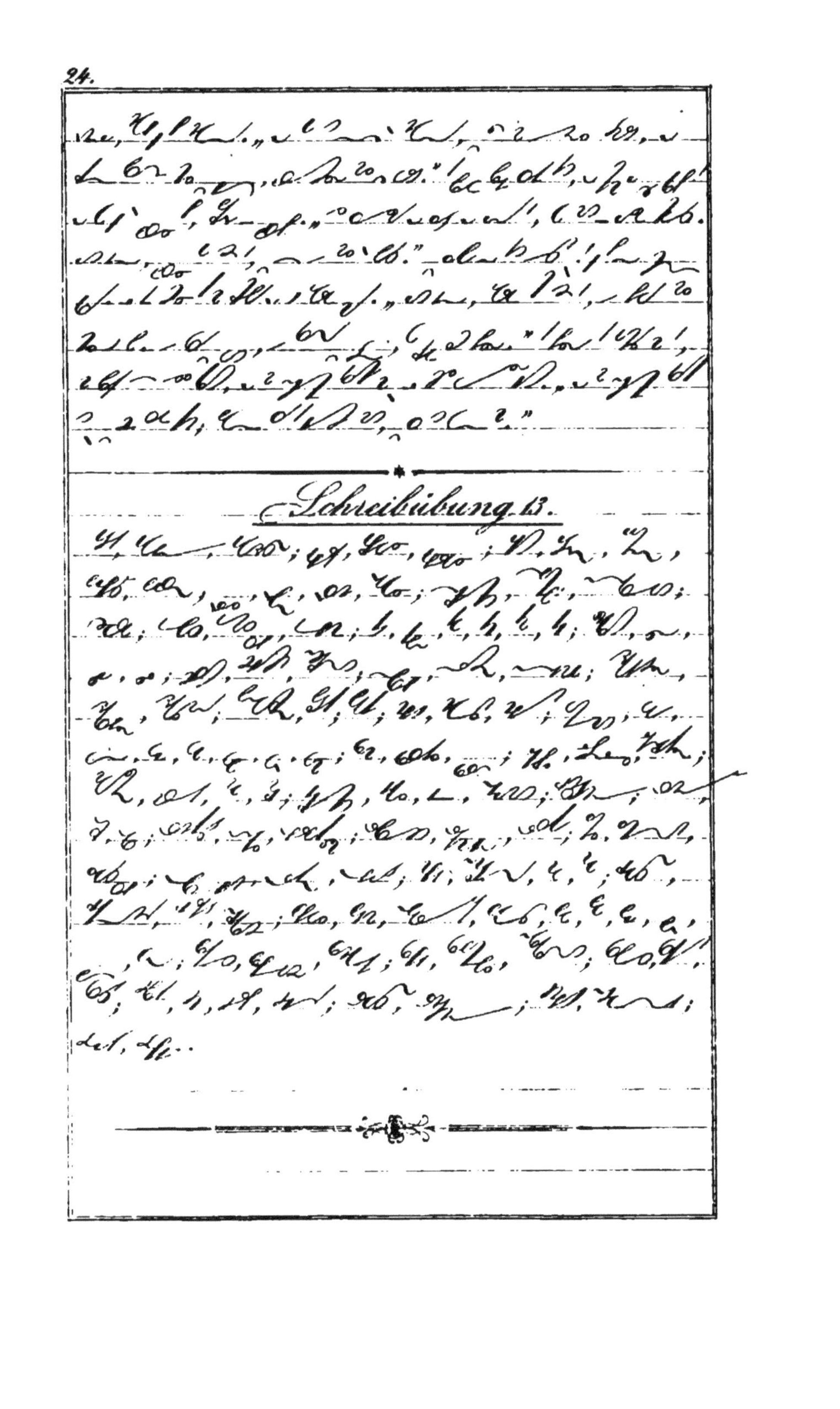

Schreibübung 13.

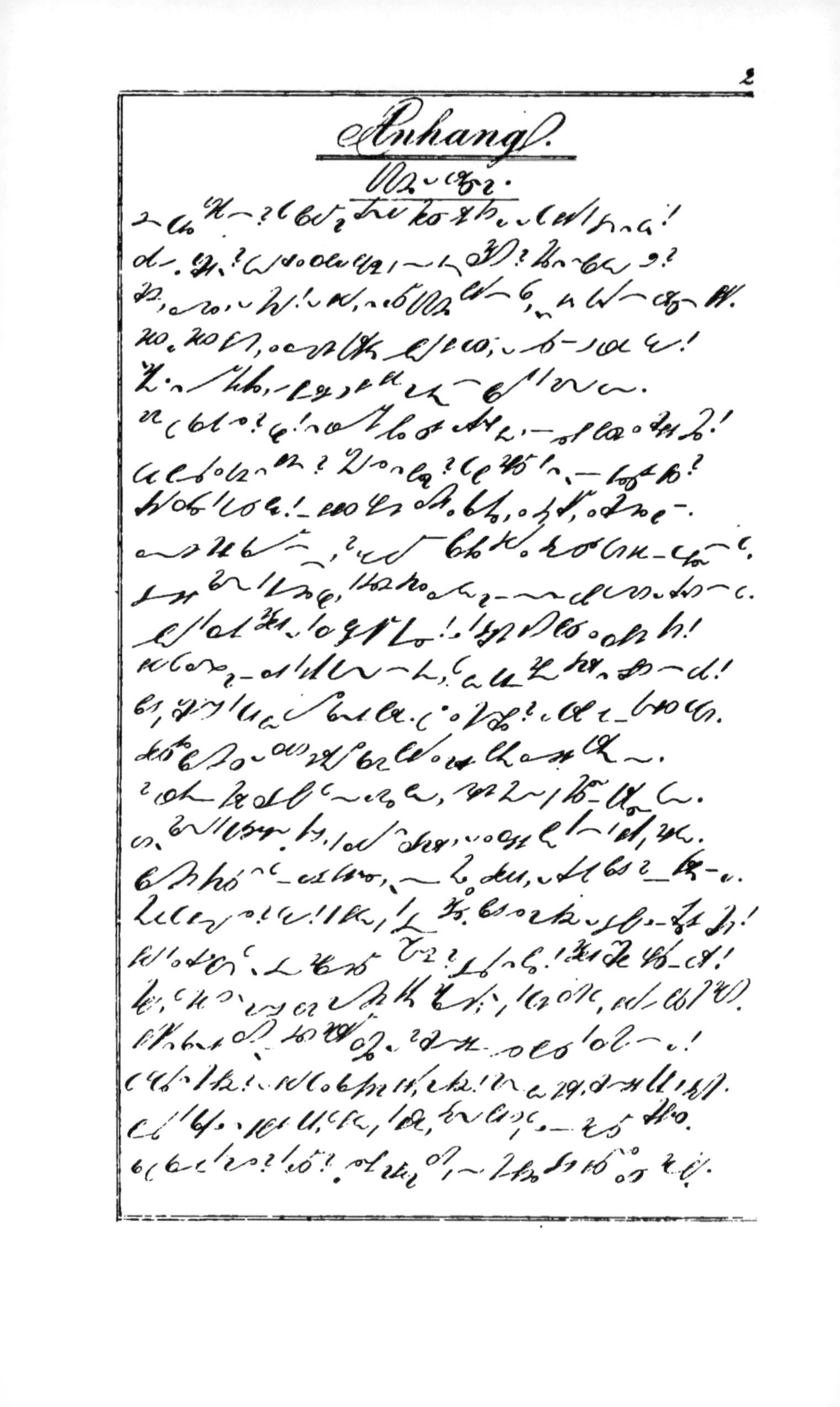

Anhang.

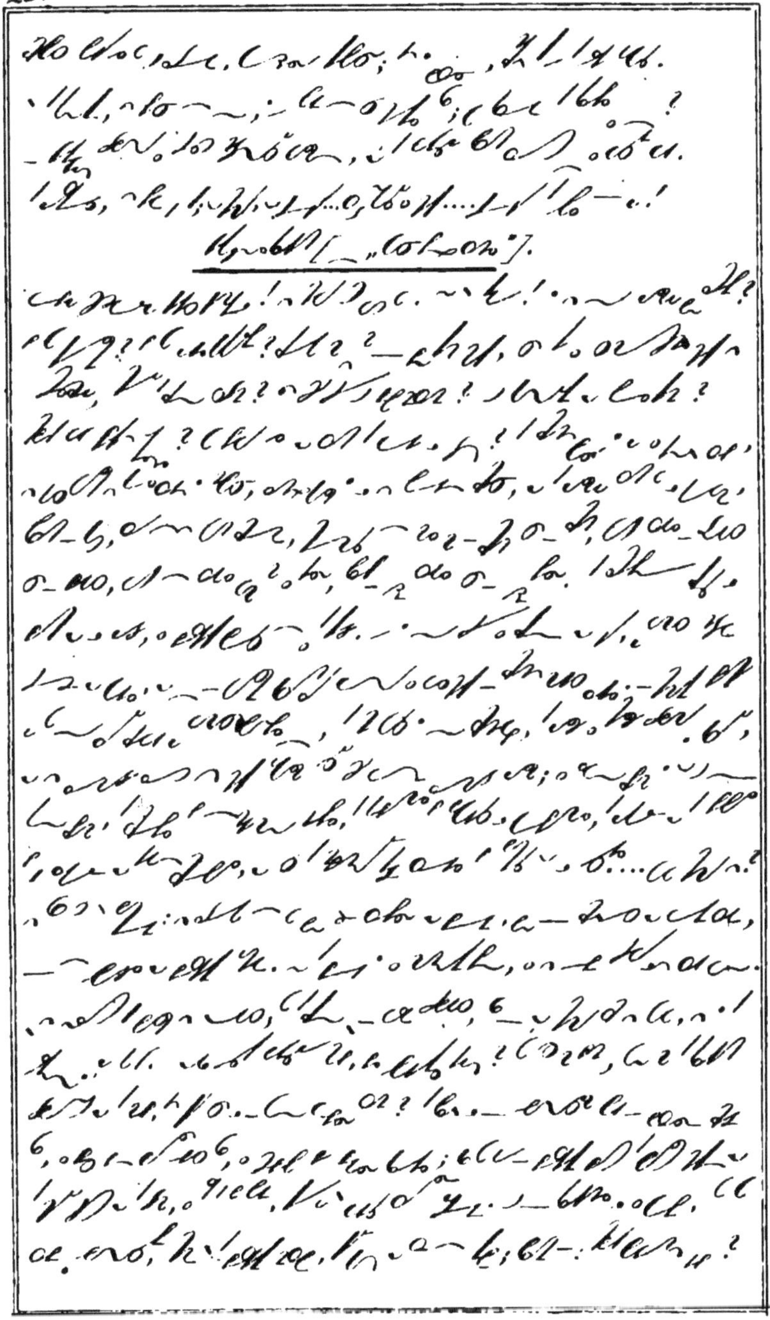

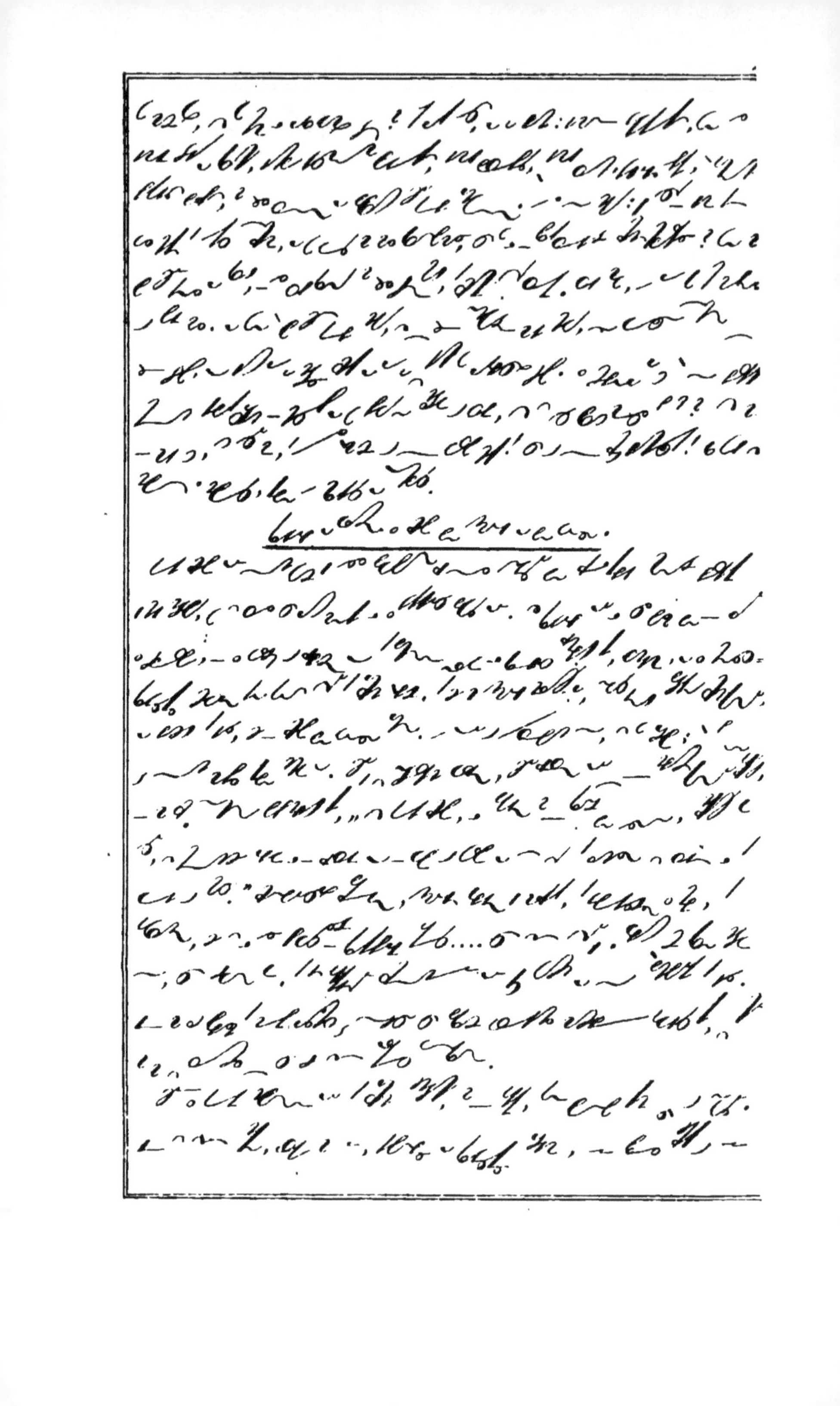

[illegible]

[illegible]

[illegible]

[illegible]

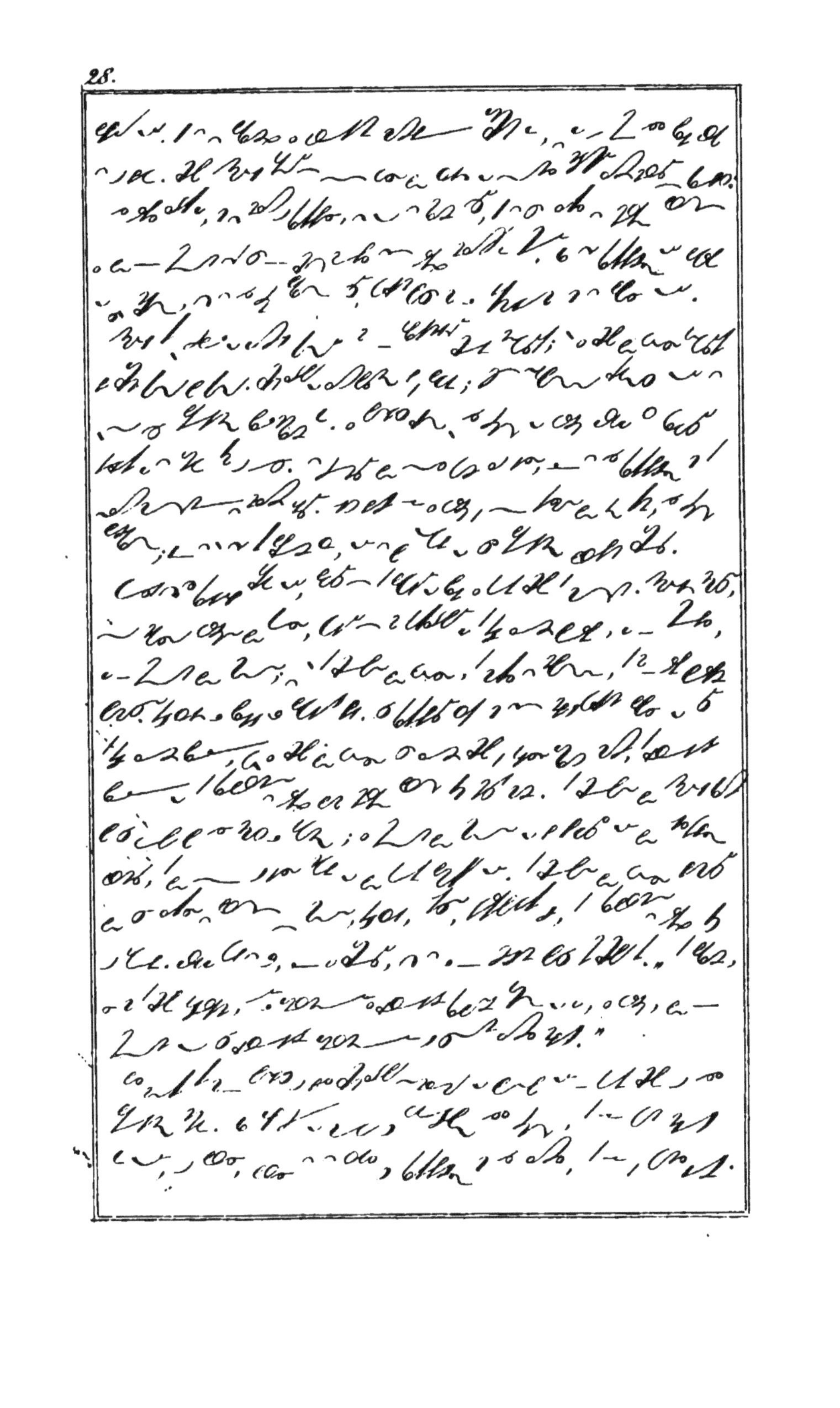

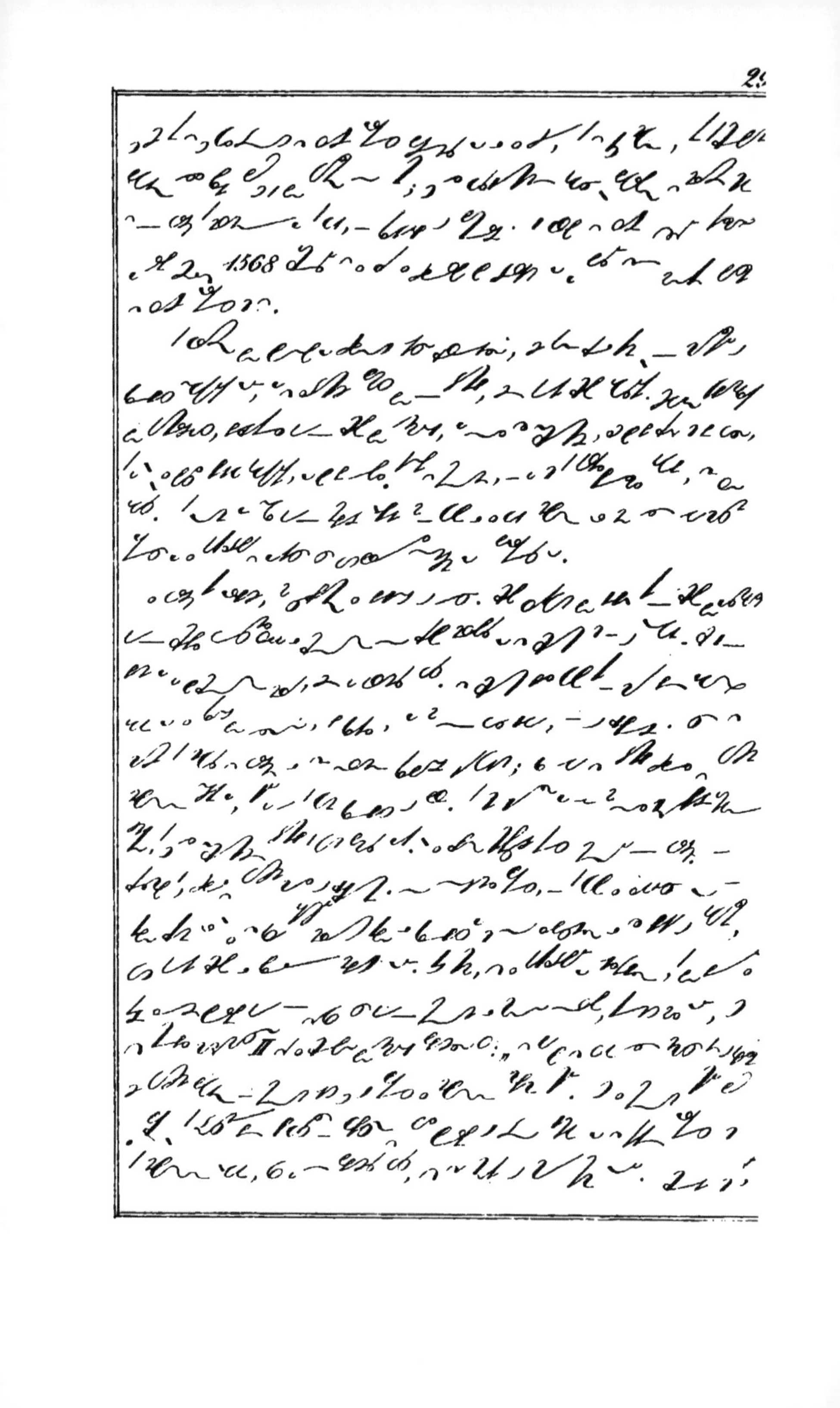

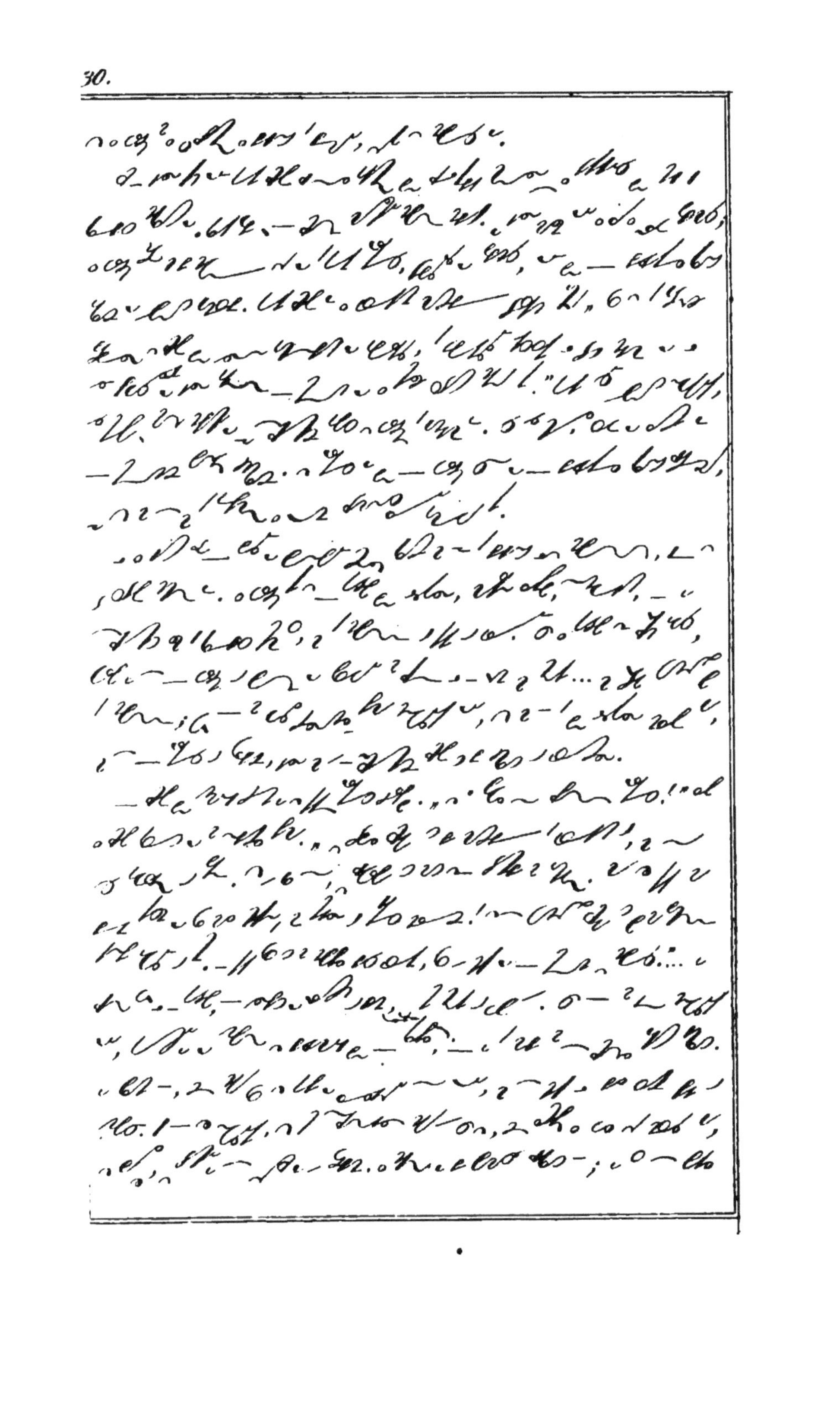

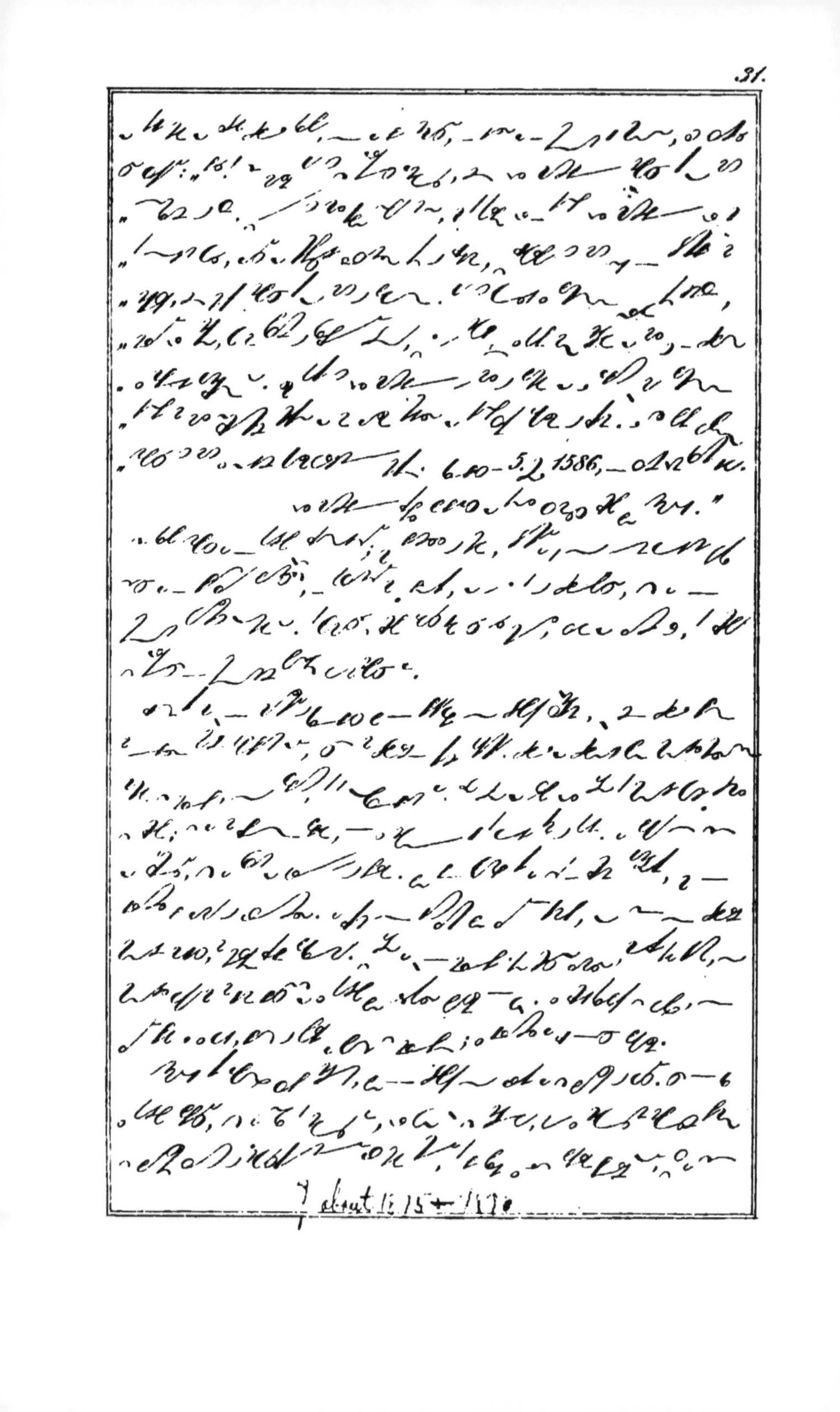

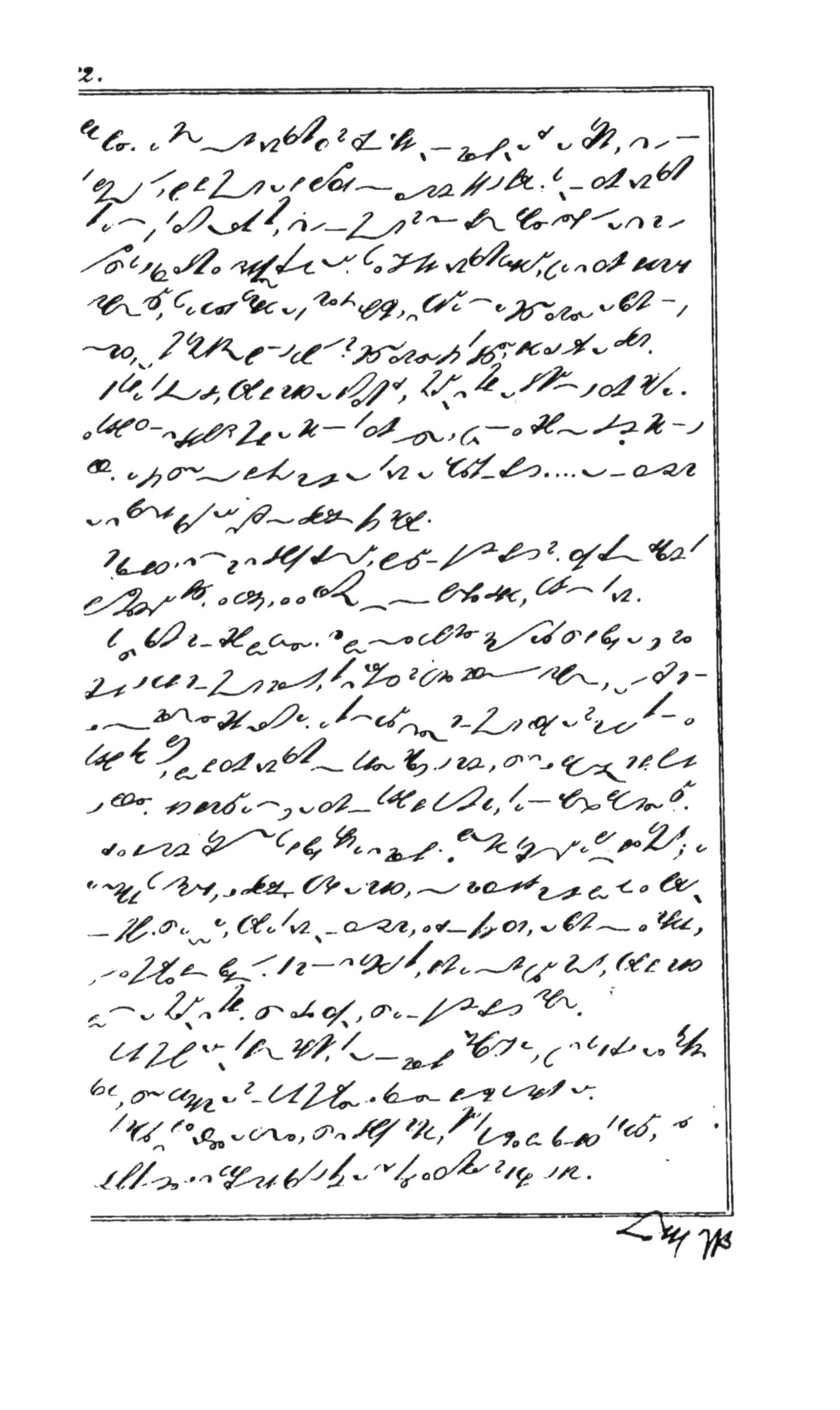